AF218982

Günther Kunstmann

...en la patrulla con JESÚS!

**Experiencias de más de 40 años
del servicio de policía**

**¡y por qué la oración tiene que ver con la
policía!**

¡Para hacerte sonreír ☺ y meditar!

Información Bibliográfica de la Biblioteca Nacional Alemana
Publicado en la Biblioteca Nacional Alemana;
Datos bibliográficos detallados recuperables en internet a través de
http://dnb.dnb.de.

A no ser que esté indicado diferente, todas las citas Bíblicas están
tomadas de la traducción Nueva Versión Internacional
Los impresos en negrita o notas en paréntesis
son énfasis del autor.

Título de la versión original:
"mit Jesus auf Streife"
Traducción al español:
Günther Kunstmann, Bamberg / Alemania
Corrección de textos: unos amigos de Mallorca - España

© 2020 Günther Kunstmann, Bamberg / Alemania (1)

Foto de portada: Günther Kunstmann

Editora: Andra Kunstmann, Bamberg / Alemania

Compañía Productora y Editorial:
BoD – Books on Demand
Norderstedt/Alemania

ISBN: 9783753416595

4

Dedicación

Dedico este libro a todos los colegas que arriesgan sus vidas y su salud día y noche para (dominar) llevar a cabo una de las tareas más difíciles de nuestra sociedad - ¡la profesión de policía!

Claro, hay muchos otros trabajos en los que hombres y mujeres pasan por desafíos similares y merecen gran aprecio y agradecimiento - pero he sido y sigo siendo un policía con todo mi corazón, así que mi dedicación está dirigida a esta profesión.

Cuando otros están en casa con sus familias y amigos, celebrando, durmiendo, relajándose, persiguiendo sus hobbies, celebrando la Nochebuena, la Nochevieja, los días festivos y muchos otros buenos momentos, los agentes de policía están en el deber de servir, proteger y servir a las personas a conciencia, con motivación y dedicación. Para cuidar de sus necesidades y su impotencia y para encontrar la mejor solución posible.

A pesar de la hostilidad, los insultos, la resistencia y las heridas, nunca se rinden, sino que aceptan el desafío una y otra vez y siguen patrullando, lo cual es admirable.

Gracias por todos los años sirviendo juntos, teniendo compañerismo, dominando difíciles operaciones policiales juntos, gracias por su apoyo en situaciones peligrosas, su consejo y ayuda - no sólo en asuntos oficiales.

¡Sois increíbles!

Prólogo personal

En este libro leerás sobre...

...mi vida, mi vida como un cristiano siendo un oficial de policía.

... mis experiencias, en parte curiosas, en las calles durante muchas operaciones policiales.

...mi experiencia práctica y -conectada a ello- una percepción más sensata, mi desarrollo espiritual y mi creciente entusiasmo por mi fe en Jesucristo.

... las conexiones entre las investigaciones policiales, las situaciones peligrosas y los principios de la fe bíblica.

... el poder cambiante de la oración y el impacto práctico en los procesos de investigación, las influencias sociales y la vida de las personas.

Estas son historias de la vida real, algunas son difíciles de imaginar o suenan improbables. Divertidas, extrañas, increíbles, no científicamente probables o discutidas. Triste, deprimente, pero también alegre cuando ves el cambio positivo en la vida de la gente.
He visto altibajos en la gente, he mirado en los abismos psicológicos y en los destinos terribles. Desde el pequeño niño inocente hasta el brutal gánster profesional, llegué a conocerlos todos. He visto cosas que nunca encontrarás en un thriller criminal, pero que siguen ocurriendo una y otra vez.

Estuve en las calles la mayor parte del tiempo en la policía. Allí me sentía cómodo, era mi lugar. Muy cerca de la acción, si es posible el primero en llegar a la escena. Ahí fuera, la vida palpitaba con todos sus aspectos positivos y negativos.
Allí mismo estuve como cristiano en la "primera línea", dónde yo podía orar por las situaciones y las personas.

Antecedentes oficiales:

Por supuesto, no podré compartir todos los detalles en este libro, porque la gente sigue viva y los procedimientos oficiales son confidenciales (aunque puedan ser interesantes...). Tampoco puedo contarte algunas de las historias porque son demasiado terribles. Hay imágenes que están grabadas en mi alma y me llevó semanas superarlas, pues no podía olvidar lo que había visto. Sólo a través de la oración y las conversaciones con mi esposa, estas experiencias dejaron de causarme miedo, pero siguen presentes hoy en día.

He cambiado los nombres, las localidades, los nombres de los comunicados de radio y otros detalles para garantizar el mejor anonimato y la protección de los datos, para aun así poder contar las historias de forma emocionante, vívida y veraz.
Estoy escribiendo sobre mis experiencias tal y como las recuerdo. Desafortunadamente no he llevado un diario durante mi tiempo de servicio. Debería haberlo hecho. Pero todavía puedo recordar muchas cosas y detalles de todos estos tiempos.

En noviembre de 2017 me jubilé, después de más de 40 años de servicio policial y agradezco a Dios por las cosas que he vivido. Especialmente si tienes una hemorragia cerebral fuerte poco antes de la jubilación y los médicos te dan dos días más de vida. (Gracias Jesús por mi supervivencia!) También aquí, el poder de la oración fue la razón por la que sobreviví, experimenté dos milagros, incluso pude volver a mi trabajo de policía después de un largo período de enfermedad (desafortunadamente sólo trabajo de oficina) y luego me jubilé oficialmente a la edad de 60 años.

Puedes leer sobre esta parte de mi vida en mi primer libro llamado **"Hechos 29"**. Más detalles se encuentran al final de este libro.

Ciertamente no lo hice todo bien, no estaba preparado para muchos escenarios en el entrenamiento (1976 - 1979) aunque era muy bueno. A lo largo de los años me enfrenté repentinamente a una cierta situación que nunca había experimentado antes, no tenía ni idea de qué hacer, pero tenía que encontrar una buena solución de todas formas. A menudo me vi obligado a improvisar o a encontrar una forma inusual de manejar esa situación. Siempre de acuerdo con la ley y con mi mejor criterio. Después, me preguntaba a mí mismo muy a menudo: "¡¿Cómo demonios has llegado hasta aquí?!"

No era perfecto (¡y desafortunadamente todavía no lo soy!), he cometido errores, he tratado mal a los colegas y los he hecho enojar o herir. En este punto quiero decir de nuevo:

"Lo siento, me disculpo y por favor perdóname!"

Durante muchos años sólo había hombres en la policía, las chicas venían años después. Cambiaron el clima de la policía, rompieron el dominio masculino, hicieron muchas áreas más fáciles para nosotros los chicos y algunas más difíciles. Muchas colegas femeninas eran muy buenas, incluso en misiones difíciles, otras no lo eran tanto.

Para simplificar, sólo escribiré sobre "colegas" o "policías" en el libro, incluso si hay colegas femeninos involucrados.
Por favor, discúlpeme por eso.
Si es necesario, mencionaré el hecho de que un oficial de policía era femenino.

8

Esta forma de expresarme no representa una degradación de su persona o de su feminidad por mi parte, tampoco es un "acto machista", simplemente es más fácil de escribir y leer.

Gracias por tu comprensión.

Para mí, términos como colega, ciudadano, policía, etc. son neutrales en cuanto al género, aunque en parte se vean de manera diferente. Pero como todos sabemos, esto es un tema de discusión.

Antecedentes personales:

Junto con mi esposa Andra estoy dirigiendo una iglesia carismática independiente en Bamberg / Alemania, el "Jesús Gemeinde Bamberg". (www.jesus-gemeinde.de)

Durante 30 años hemos sido los pastores y líderes de esta iglesia y durante todos los años he experimentado el apoyo y las oraciones de hermanos y hermanas en la fe. También mis padres y hermanas naturales me han acompañado en la oración durante todos estos años.

Muchas gracias por eso, ustedes son verdaderos héroes.

Andra ha sido y es mi apoyo, mi consejera, mi motivadora, mi freno cuando era / soy demasiado rápido, la aceleración, cuando era / soy demasiado lento, el hombro en el que podía llorar, y mucho más. Sin ella, mi tiempo en las calles como policía habría sido mucho más difícil.

Ella es un regalo de Dios para mi vida, una fiel compañera a mi lado.

¡Bendito sea el hombre con una mujer así a su lado!
¡Y ese soy yo!

En muchas predicaciones he contado muchos ejemplos de mi vida cotidiana como policía, he pedido a mi iglesia apoyo con la oración para muchos casos, con éxitos en parte, rápidos y rotundos. ¡Pero preservando el secreto del servicio de policía! Claro (por supuesto).

También escribo este libro porque me preguntan repetidamente sobre mis experiencias en la policía, especialmente por los jóvenes en la iglesia.

Porque en muchas conversaciones con colegas y pastores de otras iglesias tanto en Alemania como en el extranjero me di cuenta de que todavía saben muy poco sobre la conexión entre la sociedad, la policía, la iglesia, la oración y la autoridad espiritual. Espero poder alegrar un poco este tema, calentarlo y motivarlo para que sea copiado.

Y "por último, pero no menos importante", escribí este libro por agradecimiento, porque Jesús me acompañó, guió y protegió durante todo mi tiempo de policía.

Él me consolaba cuando mi alma ya no estaba bien. Él se regocijaba conmigo por el éxito oficial, Él me perdonaba cuando había hecho mal o cuando era demasiado cobarde o acomodado para contarle a otros sobre Él.

Gracias Jesús por la diversión, el éxito y los innumerables encuentros con la gente en mi época de policía.

Jesús - es tan bueno tenerte en la vida.

¡Jesús es digno de todas las gracias y alabanzas!

Se trata de ÉL, no de mí, no de lo bueno que fui como policía. Jesús es el salvador, sanador, consolador y salvador, no yo.

Pude ayudar, consolar y ayudar a mucha gente en sus grandes necesidades, a través de Jesús.

Muchas camisas de uniforme tuvieron que ser puestas en la lavandería porque tanto hombres como mujeres lloraban en mi hombro, en mis brazos gritando el dolor del alma, fuera del cuerpo. Pero valía la pena lavar las camisas.

Este no es un libro de enseñanza "Cómo convertirse en un buen policía o un buen cristiano", ¡es simplemente un paseo por mi vida como un " friki de Jesús" trabajando para la policía!

con una palabra:

con Jesús …
… ¡en la patrulla de la policía!

¡Alto!
¡Atención, por favor!
¡Esta es la policía hablando!
(o Günther ☺)

Günther y Andra Kunstmann

Prólogo de Raúl N. Reyes / Argentina

Tiene usted en sus manos, lo que yo llamo un libro verdaderamente desafiante y revelador, en donde podemos entrar, como cristiano, en el testimonio, y la acción de lo cotidiano, donde se pone de manifiesto, que el vivir en Cristo, no consiste solo en hacerlo dentro de las cuatro paredes de la Iglesia, sino en extender el dominio y Señorío, dado por nuestro Señor Jesucristo, en el ámbito del diario vivir. Donde ser Cristiano sea mucho más que palabra, para poder transformarse en un Estilo de Vida bajo la concepción y dirección del Espíritu Santo.

En este caso, se trata de un Policía Cristiano, lleno del Espíritu Santo, de la ciudad de Bamberg Alemania, que entendió el rol de los Cristianos en la administración del poder dado por Jesucristo a la Iglesia, teniendo conocimiento y revelación del mundo espiritual, y lo pone en acción, para no solo traer seguridad a su ciudad, sino para abrir los cielos para traer paz y bendición a su ciudad de Dios.

En este libro el Pastor-Policía Günther Kunstmann, escribe de una manera Testimonial, amena, y práctica lo que podemos realizar en cada área de nuestras vidas y actividades, si creemos y ponemos en acción lo expresado por el Apóstol San Pablo en **Efesios 6:12**

„Porque nuestra lucha no es contra seres humanos,
sino contra poderes,
contra autoridades,
contra potestades que dominan este mundo de tinieblas,
contra fuerzas espirituales malignas
en las regiones celestiales."

13

Este Libro, no solo es para los creyentes en Cristo Jesús, sino para todos los que diariamente se pregunta **¿qué puedo hacer yo para que esto cambie?**, tanto en mi trabajo, como en mi familia o profesión, les aseguro que luego de leer este libro, no serán las mismas personas, tan pronto termines de leer este Libro "patrullando con Jesús" doblarás tus rodillas y pedirás a Jesús que transforme tu vida de una fe fría, inerte y religiosa, a una fe de acción y conquista.

Marcos 16:17

"Y estas señales seguirán a los que creyeren..."

Recomiendo en forma especial este libro a los colegas Policías que patrullan y sirven a las distintas ciudades del mundo y que muchas veces se preguntan **¿Qué podemos hacer para que esto cambie?**

Creo con todo mi corazón, yo también como Pastor y Policía (ya retirado luego de 31 años de servicio) que nosotros, los cristianos llenos del Espíritu Santo, estamos para deshacer las obras del mal, y trasformar nuestra sociedad con el poder del Evangelio.

Apóstol Raúl Nicolás Reyes
Psicólogo social de la policía
Sub Comisario (retirado)
Policía de la Provincia de Buenos Aires
Argentina

14

Prólogo de Fred Lambert / Austria

Acabo de terminar de leer "en la patrulla con Jesús " de mi buen amigo Günther Kunstmann. ¡Qué libro tan divertido! ¡Qué libro tan alentador! ¡Qué libro tan poderoso! ¡Este libro es un gran libro tanto para los creyentes, como para los buscadores y los no creyentes! Los más de 41 años de Günther como oficial de policía en Bamberg estuvieron llenos de peligro, suspenso y a veces de tristeza. Pero también estaban llenos de aventura, heroísmo, humor y esperanza. Su estilo de escritura conversacional y humorístico pondrá una sonrisa en tu cara ☺ y calentará tu corazón. Las historias que comparte son entretenidas, pero también te animarán y te enseñarán algunas de las lecciones más importantes de la vida. El perdón, la compasión y la comprensión llenan estas páginas porque llenan el corazón del hombre que las escribió.

Mi esposa Judy y yo hemos sido amigos de Günther y su esposa Andra durante varios años. También somos colegas y camaradas en el ministerio cristiano. Judy y yo somos pastores de la "Freie Christengemeinde" en Wels / Austria y directores del "Rhema Bible Training College Austria", que es el mayor instituto bíblico de iglesia libre en Austria. Günther y Andra son pastores de una maravillosa iglesia en Bamberg llamada "Jesus Gemeinde". Nos conocimos hace años en una conferencia en Alemania y desde entonces se ha desarrollado una amistad genuina y significativa a lo largo de los años. Su fe no es religiosa, ni congestionada ni aburrida - es auténtica, viva y poderosa.

Günther se crió en una familia cristiana y siempre fue su mayor deseo vivir por Jesús y hacer lo que Dios quería que hiciera. Esto puede sorprender a algunas personas, pero este deseo sincero de hacer la voluntad de Dios también lo llevó a elegir una carrera en la aplicación de la ley. La decisión de

15

este camino no fue fácil por muchas razones. En aquel entonces, cuando decidió convertirse en policía... oficial, los tiempos eran turbulentos y muchas personas de su edad eran anti-establecimiento y anti-policía. La policía fue ridiculizada, burlada y criticada por los anarquistas, el amor libre,la generación hippie!

Otro desafío fue que algunos cristianos creían que la policía era una carrera completamente inaceptable para un creyente. De alguna manera pensaban que los cristianos debían ser pacifistas. Según su opinión, un cristiano no debería llevar un arma o usar una y como la policía tiene que hacer esto, esta no podría ser la carrera correcta para un creyente. Estos pensamientos preocupaban a Günther, así que llevó el tema a Dios en la oración. Dios le reveló a través de la Biblia que la aplicación de la ley es en realidad un llamado y una carrera que el mismo Dios estableció para el bien de la humanidad. En el capítulo 13 de la carta a los romanos, Günther vio que el Apóstol Pablo se refiere a los agentes de la ley como "los siervos de Dios". Varias otras escrituras salieron a la luz y después de ver estas cosas, Günther tomó la decisión que eventualmente proporcionó el tema para este libro.

El escribe:
"La decisión ha madurado, ha sido rezada, confirmada por Dios y puesta en marcha gracias al apoyo amoroso de mis padres. ¡Estaba con los "policías bávaros"! Sabía que tenía razón. Pertenezco al "Siervo de Dios", un instrumento de Dios".

Vivió descaradamente su fe en Cristo como oficial de policía en Bamberg, lo que le llevó a algunas experiencias muy interesantes y únicas. Usted leerá historias como "U-903 en la patrulla de combate" o "La monja desnuda" y se entretendrá y asombrará por el humor del hombre y la sabiduría de Dios.

Leerás sobre el poder de la oración y cómo la oración detuvo una serie de accidentes. Mejor aún, aprenderá cómo puede aplicar los mismos principios y el poder de la oración en su

16

vida para traer un cambio y una bendición para usted, su familia y su ciudad.

Su carrera como oficial de policía también le ayudó a entender mejor lo que significa operar en la autoridad de Jesucristo. Günther explica que a la policía se le ha confiado autoridad para hacer cumplir las leyes de la tierra. Han sido ...que reciben entrenamiento, un uniforme, equipo y armas para cumplir con sus deberes. De la misma manera, Jesucristo nos ha dado autoridad, entrenamiento, armadura y armas para actuar en su nombre en la tierra. Estamos llamados a imponer su victoria en este mundo. Estamos llamados a romper el poder del enemigo, destruir las obras del diablo, curar a los enfermos y liberar a los cautivos en el poderoso Nombre de Jesús. Günther escribe:
"Jesús nos autorizó a hacer cosas en su nombre. Para hablar de los problemas y de las enfermedades para cambiarlo."
¡Este libro está lleno de historias reales sobre cómo esto funcionó para él en el trabajo!

No esconde sus errores o los miedos que tenía al principio. No intenta convertirse en el héroe de la historia. Cuenta las cosas como si fueran realmente en sus propias palabras y deja claro que Dios ha sido su ayudante todo el tiempo.

Su motivo en este libro no es impresionar y asombrar al lector con un montón de grandes historias, ni es ante todo defender su elección de carrera. Su motivo es ayudar a la gente a ver que Dios les ayudará en cada área de sus vidas, sin importar quiénes son o qué carrera han elegido. Dios protege, libera, cura, responde a la oración, provee, otorga sabiduría y, lo más importante de todo, ¡salva a todos aquellos que invocan su nombre!

Vas a disfrutar de este libro. Creo que cuando llegues al final, te sentirás animado, inspirado y listo para levantarte y hacer

17

valer la victoria de Jesucristo en tu propia vida y en tu propio mundo.

¡Dios te bendiga!

Pastor Fred Lambert
Freie Christengemeinde Wels / Austria

Índice

Dedicación   5
Prólogo personal   6
Antecedentes oficiales   7
Antecedentes personales   6
Prólogo de Raúl Reyes / Argentina   13
Prólogo de Fred Lambert / Austria   15

Un gánster en fuga   21

Elección de carrera: ¿policía o no?   29

Pasar por alto el pozo de excavación   43

Otro mundo   47
  - U-903 en la patrulla de combate   47
  - La monja desnuda   51
  - Confuso "Policía de Tráfico"   59
  - Atado con cadenas   71

¿Dónde pasarás la eternidad?   73

Oración de salvación   83

¿Por qué orar?   87

Es todo una cuestión de autoridad   93

La serie de accidentes se paró   99

"Puente de la Muerte" se convierte en
un puente normal   109

El borracho "combatiente de cuchillos" desarmado 121

La banda de drogas se da a conocer 125

Los traficantes de drogas neutralizados 131

La corrupción controla la frontera 137

La banda de ladrones es atrapada 149

Fiebre del Sábado Noche 155

Confíe - mire - a quién 159

Espiritual "SWAT TEAM" 167

Epílogo 169

"en la patrulla con JESUS" internacional 174

Cuando Dios creó al policía 175

Hechos 29 179

¡Un gánster de verdad en fuga!

"Aquí habla el centro de operaciones
para todos los coches patrulla:

El delincuente fugado se ha atrincherado en una cabaña al
pie del "Kogelberg" (= nombre de una montaña),
en el lado sur.
Está fuertemente armado y hace un uso despiadado del
arma. Ha anunciado que no será arrestado de nuevo, pero
que preferiría morir en un tiroteo con la policía. Todas las
patrullas diríjanse a "Kogelberg", rodeen el área,
-¡en breve recibiréis más información!
¡Presten atención a la seguridad personal!
¡Patrullas con chalecos de bala y armas pesadas
vienen del departamento!"

La llamada de radio del centro de operaciones interrumpió la agradable charla que tenía con mi colega. Hasta ahora no había habido mucha actividad en la patrulla ese día. Los controles habituales, los controles de tráfico, etc.

De repente, nos encontramos en una situación difícil. No estábamos lejos de "Kogelberg". Como joven policía, nunca había experimentado nada como esto antes. Bien, en el entrenamiento aprendimos seguridad en sí mismo, manejando la pistola y el arma. Pero ahora sólo teníamos las pistolas con nosotros.

Walther PP (fabricante y tipo de arma), Calibre 6.35, también llamada "golpeador de la policía". Podías golpear al gánster, sin éxito visible y que el golpe mostrara alguna reacción. Eso era algo pero no un armado adecuado.

Sólo había unos pocos chalecos antibalas en el departamento.

21

Los chalecos personales para cada oficial de policía llegaron muchos años después. Los del departamento eran siempre pesados y "chalecos de chapa de acero", casi te inclinarías sin práctica - literalmente - siempre que tuvieras que llevarlos. Pero mejor que nada y mejor que estar muerto.

Los rifles "Fabrique Nationale (FN) G 3" y la munición "calibre 7.62" también se almacenaban en el departamento y nos entrenaban con ellos.

Como no se necesitaban durante una patrulla normal, había que empaquetar todo y llevarlo al lugar de los hechos en un caso como éste.

Si ya teníamos la "tommy gun" MP 5 (Heckler & Koch, 9 mm) como estándar en ese momento, ya no lo sé.

Confirmamos la operación por radio y comenzamos a conducir hasta el lugar.
Se hizo silencioso en el coche patrulla, todos se perdieron en sus propios pensamientos. "¿Qué pasaría? ¿Qué nos espera? ¿Llegaremos a casa a salvo? ¿Arrestaremos al tipo?"

Preguntas tras preguntas, pero sin respuestas. Fue horrible y causó bastante estrés, especialmente para un joven policía como yo. ¡Dios mío! La academia de policía acaba de terminar y luego inmediatamente en plena acción.
Mi "entrenador de osos" (aleman: "Bärentreiber") no dijo casi nada, excepto: "Mantén la calma, lo conseguiremos".

¿No sabes lo que es un "entrenador de osos"? Vamos...
Claro - es una vieja jerga de la policía bávara.

El "Bärentreiber" - "entrenador de osos" era un colega experimentado, un veterano, que tomó a un "chico" bajo sus alas y le ayudó a aprender la práctica policial después de su entrenamiento principalmente teórico.

22

Le daba instrucciones al joven en el propio distrito policial, le explicaba los requisitos oficiales y las características especiales, sabía dónde encontrar los mejores y más baratos bocadillos en la patrulla, dónde iban los ladrones y mucho más. Era indispensable para establecerse en un departamento.

Hoy en día la formación está fuertemente orientada a la práctica desde el principio, con varias prácticas. En clase también se aprende mucho para la práctica. No lo teníamos así en aquel entonces. Y para ello tienes una guía práctica. ¡Eso es lo que estoy diciendo - un "Bärentreiber"!

El tono y las expresiones a principios de los setenta eran todavía un poco ásperas, en parte todavía provenían del vocabulario de la "Wehrmacht alemana" (nombre del ejército alemán hasta el final de la Segunda Guerra Mundial) o incluso antes, sin glorificar o asociar inmediatamente ninguna estúpida idea nazi con ella.

El término "Bärentreiber" era así y todavía se usa hoy en día. No era ni es ofensivo ni despectivo. Al contrario, era una distinción y un honor, una señal de confianza del jefe, cuando alguien era "designado" para ser un "entrenador de osos" para un joven colega. Y nosotros le mirábamos con respeto. Él lo sabía todo (ok - casi), tenía experiencia, podía manejar cualquier situación y era como un padre.

También ha habido momentos para un despotricamiento, un golpe u otras reprimendas. Pero eso estaba bien, querías aprender y un día ser "adorado" por un "chico policía". No se te permitía ser un mimoso o demasiado sensible, entonces no eras apto para este trabajo.

El entrenamiento de la policía antidisturbios bávara de los años 60 y 70 fue en parte semi-militar. Aprendimos a lanzar granadas de mano, a disparar con la vieja ametralladora

23

alemana MG 42 (¡la Segunda Guerra Mundial!). ¡Nunca lo sabrás!

Mis viejos colegas todavía pueden cantar esa famosa canción sobre eso.
"¡Una canción! ¡Todos juntos! ¡Dos, tres, cuatro! O - oh, hermoso Westerwald (un gran bosque en Alemania)..."

Basta de recuerdos, volvamos a la historia.
Más y más patrullas respondieron por radio, el bucle alrededor de Kogelberg se fue estrechando y por consiguiente alrededor del delincuente. Fue empujado más y más hacia la estrechez y probablemente más y más hacia la desesperación final. No había fuerzas especiales aún, ni grupo de negociación, los hombres de la patrulla tenían que resolver ese problema.

Todos estábamos perdidos en nuestros pensamientos cuando de repente me di cuenta: ¡Bueno, ahora podría orar! Quiero decir, ¡yo era cristiano!
E inmediatamente, un versículo de la Biblia vino a mi mente:

*„Invócame en el día de la angustia;
yo te libraré y tú me honrarás."*
Salmos 50 : 15

¡Bam! ¡Impresionante! Inmediatamente me tocó y supe: Dios me había hablado.
De la nada este versículo de la Biblia había llegado a mi mente.
Y antes de eso, ni siquiera había pensado en hacer lo más normal y lo más obvio:

¡ORACIÓN!

¡Mamma Mia! ¡Realmente fui un tonto!

24

Así que directamente empecé a orar en mi mente. Honestamente, no me atreví a orar en voz alta. No quería mostrar ninguna debilidad frente a mi entrenador de osos. (Así que pensé en ese momento que los demás pensarían algo así de mí).

"Dios, por favor interviene y asegúrate
que no tenemos que disparar o pelear.
¡Deja que se rinda!
Amén."

No sabía cómo orar de mejor manera en ese momento.

Esa fue una oración muy valiente para mí y casi imposible. El delincuente había anunciado que no se rendiría, que dispararía. Y llega un joven policía y piensa que la oración puede cambiar una situación como esa.

Y he aquí que ayuda, de hecho, muy bien.

Poco tiempo después, nuestro centro de operaciones regresó por radio:

"¡Aquí Mark 2, ¡aquí Mark 2!
¡Abortar la aproximación, misión terminada!
El delincuente se rindió y fue arrestado sin resistencia.
Se aseguró la variedad de armas afiladas".

¡Estaba asombrado! Tan rápido y no lo esperaba. Dios me había sorprendido y me mostró que sería mejor confiar en ÉL. Que todo es posible para ÉL. Él lo había hecho aunque yo no había creído realmente en mi propia oración. (vergüenza para mí)

¿Y el final de la historia?
- situación aclarada
- nadie herido
- el gánster fue arrestado de nuevo y encerrado a salvo
- la Palabra de Dios había demostrado ser verdadera
- Dios se mantiene firme en su palabra
- podemos y debemos tomarle la palabra.
- mi fe y confianza se fortaleció
- una de las primeras experiencias con la policía y la oración
¡Todo está bien!

Por cierto, me gustaría mencionar algo sobre la Palabra de Dios:
En la página anterior cité el Salmo 50:15. Este versículo no sólo habla de ayuda y liberación cuando estamos en problemas, sino que al final dice: "... y me glorificarás".

A menudo se olvida. En los problemas mucha gente grita o ora a Dios. ÉL ayuda y salva de acuerdo a SU palabra y promesa, pero luego la gente a menudo olvida la conclusión, diciendo "Gracias" y alabándolo.

ALABAR no significa murmurar un pequeño "Gracias", sino que tiene que ver con "ensalzar", "dar a conocer algo", "gritar en voz alta" o "llevarlo al público".

Me excita, quiero decírselo a los demás. Quiero señalar a Aquel que acaba de resolver cualquier problema de una manera genial. A Dios, el único Dios verdadero, el Padre de nuestro Señor Jesucristo. El Dios de la Biblia. Eso es lo que significa el final del Salmo 50:15.

Por cierto, ¿sabías que este versículo de la Biblia también se llama el número de emergencia de Dios?

26

Todos conocemos el número de emergencia de la policía; ya nos lo enseñan en el jardín de infancia. Si llamas al 091 o 112 (España); 911 (EE.UU.); 112 o 999 (Reino Unido); 110 (Alemania), tendrás el 100% de la policía en el otro lado. Al final de la línea telefónica, hay alguien escuchando, alguien que sabe cómo ayudar, alguien que empieza a organizar esta ayuda para ti.

Durante muchos años trabajé en un centro de operaciones en el que recibíamos las llamadas de socorro y donde teníamos que decidir y organizar los primeros pasos de ayuda para la gente.
"Llamada de socorro - Policía" - lo dije miles de veces y luego escuché donde se quema y se pellizca.
"Sr. Policía - Tengo un problema." Y luego arreglé una ayuda adecuada. Lo sé todo. No me preguntes qué tipo de acción fue a veces organizar todo eso.

¡Mamma mia!

Cuando "llames" (☎☺) Salmo 50 : 15, por el 100% te pondrás en contacto con el Dios todopoderoso. Eso es genial, ¿no?

Él también sabe de todo
y se vuelve activo.
A su manera.
Usando SUS posibilidades y recursos.
En SU amor y sabiduría para ti.

Lo cual a veces no entendemos, pero al final no importa. A veces tampoco entiendes a la policía. En realidad, no te importa, lo principal es que la ayuda llegue, ¿no?
Confías en el policía del otro lado.

27

La situación ya estaba resuelta, pero debo confesar que no había sido un buen ejemplo. No le había dicho a mi colega que oraría. No me había atrevido. Qué lástima. ¡Qué poderoso testimonio habría sido para Jesús! ¿Pero cómo lo había hecho? ¡Perdí la oportunidad! En retrospectiva, cualquiera puede decir cualquier cosa.

Alabé a Dios por su intervención y acción, pero tuve que pedirle perdón por mi cobardía, por mi miedo a la opinión de mi colega y por la oportunidad perdida de testificar. Y ÉL me perdonó... qué alivio.

¿Te ha pasado antes? ¿Pellizcado, demasiado tímido? Escríbelo aquí, pide a Dios perdón y nuevas oportunidades. Jesús te las dará. Luego marca tu nota y tu condena. ¡Acabado! ¡Ya está hecho!

Elección de carrera: ¿policía o no?
Una decisión para toda la vida

Tuve que lidiar con la elección de la carrera a mediados de los 70. Eso fue, junto a la pedida de matrimonio, la pregunta del millón de euros (en ese momento todavía era el Marco Alemán), esta fue la "pregunta del premio gordo". No estábamos en posición de experimentar para siempre, de intentar esto, de cambiar eso, puedes cambiar de nuevo, no tienes prisa en la vida. Tienes que decidir - tan rápido como sea posible.

Crecí en una familia en la que me acompañaron muy bien en mi crecimiento y en mis decisiones.
Mis padres y nosotros de niños (somos tres) estábamos en una iglesia evangélica.
Nos encantaba la comunión con otras personas que amaban a Jesús y a SU Palabra.

Desde el principio - literalmente lo conseguí con la leche de mi madre - supe que Dios existe, que Él es el Creador de todo, que su hijo Jesús murió por mí para que yo pueda ir un día al cielo, supe que su poder no tiene límites.

Cuando tenía 13 años, tomé una clara decisión de vivir con Jesús. En ese momento me di cuenta de que no basta con saber sobre Dios o Jesús o estar de acuerdo con lo que dice la Biblia. Dios quería mi propio "OK", dado voluntariamente. Quería comenzar un viaje de aventura conmigo, pero sólo si yo también lo quería. Fue mi decisión.

Sí, ¡y yo quería exactamente eso!

Así que oré una oración muy complicada: "Señor Jesús, creo en ti, eres el Hijo de Dios. Moriste por mí, por favor perdona todos mis pecados, sé mi Señor. Quiero vivir toda mi vida contigo".

Fue taaaan fácil. Una clara decisión por mi propia voluntad. No de mis padres u otras personas. Jesús y yo - sólo dos. Como una hermandad de sangre. Esa parte de la sangre vino sólo de un lado, pero al menos tan similar, que aún era una hermandad de sangre.

Y Jesús nunca me defraudó, ¡ésta hermandad de sangre todavía existe desde 1970! ¡Wow!

Él me ha llevado a través de todos los altibajos de mi vida, en las buenas y en las malas. Siempre ha sido fiel, incluso en tiempos en los que no me interesaba tanto su opinión. Él siempre me ha mantenido, me ha guiado, me ha sostenido, me ha advertido, pero a veces también me ha dejado ir porque yo lo quería y pensaba que sabía más.

SU amor y mi decisión por ÉL siempre me han rodeado como una valla de seguridad salvándome de un gran accidente o de perderme.

Y esta decisión por Jesús también fue la base para mi elección de carrera. Sabía que quería convertirme en lo que ÉL tenía para mí. No se trataba de auto-realización, de ganar dinero, sino de servir a Dios con mi profesión.

Al final del proceso tenía dos direcciones, las comprobé y las sopesé entre sí, pero no podía tomar una decisión. Ambas parecían ser buenas, sólidas, atractivas; me lo podía imaginar.

Pero desde hace tiempo oraba regularmente esa oración con mucha seriedad:

"Jesús, por favor muéstrame
qué trabajo debo elegir
y con qué mujer debería casarme.
¡Amén!"

Y ÉL me lo mostró.

De repente tenía a "la policía" en mi "escáner", porque recogí una frase de un colega de la escuela. No me dejaba ir. Mis pensamientos giraban en torno a la policía, incluso soñaba con ella. (No eran pesadillas, porque había hecho algo malo en el pasado. ¡NO!) Eso fue muy extraño. Era como si alguien hubiera encendido un video de presentación de la policía en mi cabeza. Y este video era bueno. De hecho, era muy bueno. Yo estaba más y más entusiasmado con ese trabajo. Lo discutí en detalle con mis padres, les pedí su honesta evaluación y finalmente comenzamos el proceso de solicitud.

Pero durante este tiempo también tuve que enfrentar mucha resistencia.

Era la época de finales de los 60, la rebelión contra el establecimiento, contra el orden estatal, la rebelión contra todo lo que olía a autoridad, la guerra de Vietnam y las manifestaciones contra ella, las primeras resistencias contra la energía nuclear, el poder de las flores, las bandas de rockeros, las drogas, los hippies, el amor y el sexo libres, la educación antiautoritaria, la objeción de conciencia y cosas similares. La sociedad y la forma de pensar habían empezado a moverse. Un espíritu de revuelta y rebelión había llegado al país.

También en el "mundo" cristiano muchas cosas habían empezado a moverse. La objeción de conciencia y el servicio militar alternativo estaban tan de moda. La gente te miraba de una manera muy extraña, si eras cristiano e ibas al "Bundeswehr" (ejército alemán).
Los trabajos sociales estaban en demanda.

Dondequiera que anunciaba mis planes de unirme a la policía, a menudo me encontraba en una posición difícil. "¿Cómo puedes elegir un trabajo en el que tienes que llevar un arma?" o "¿Qué pasa si tienes que disparar?" y comentarios similares como ese. El tenor de todo era en última instancia: como cristiano, no puedes unirte a la policía, no puedes servir a la aplicación de las órdenes del Estado, las autoridades son el enemigo y tienes que luchar contra él. (¡Los cristianos! -¡Oh, Dios mío!)

Pero algo había madurado en mí. Una convicción de hacer lo correcto. Y podía sentir una gran paz, tranquilidad y alegría en la imaginación de trabajar como policía y encontré cada vez más argumentos para esta profesión, también o especialmente como cristiano convencido. Ya me veía a mí mismo como un verdadero Sheriff.

- ¡No soy un sheriff de gatillo fácil que dispara a todo el mundo!
- ¡Daré protección y seguridad!
- ¡Soy un policía protector!
- Puedo y debo representar a Jesús en este trabajo también, ¡¿quién más lo hará?!
- ¡Es un trabajo bíblico, establecido por Dios! ¡Está escrito en la Santa Biblia!

¿Eh? ¿Perdón? ¿Qué? ¿Biblia? ¡Eres un poco estúpido!

Durante este tiempo de mi examen personal de esta dificultad siempre había orado por la claridad y la confirmación de la Palabra de Dios.

Y Dios me guió a un versículo de la Biblia. Vamos, lee conmigo:

"Todos deben someterse a las autoridades públicas,
pues no hay autoridad que Dios no haya dispuesto,
así que las que existen fueron establecidas por él.
Por lo tanto, todo el que se opone a la autoridad
se rebela contra lo que Dios ha instituido.
Los que así proceden recibirán castigo.
Porque los gobernantes no están para infundir terror
a los que hacen lo bueno sino a los que hacen lo malo.
¿Quieres librarte del miedo a la autoridad?
Haz lo bueno, y tendrás su aprobación,
pues está al servicio de Dios para tu bien.
Pero si haces lo malo, entonces debes tener miedo.
No en vano lleva la espada,
pues está al servicio de Dios
para impartir justicia y castigar al malhechor."
Romanos 13 : 1 - 4

"Sométanse por causa del Señor
a toda autoridad humana,
ya sea al rey como suprema autoridad,
o a los gobernadores que él envía para castigar a los
que hacen el mal y reconocer a los que hacen el bien.
Porque ésta es la voluntad de Dios:
que, practicando el bien,
hagan callar la ignorancia de los insensatos."
1.Pedro 2 : 13 - 15

De esta manera, tengo un entendimiento completamente nuevo sobre el gobierno. Por qué existe, de dónde viene, cómo debería ser. Cómo lo ve la Biblia.

Como suplemento, Dios me mostró otro pasaje del Nuevo Testamento, donde los soldados se acercaron a Juan el Bautista y le preguntaron cómo deberían actuar ahora.

„Y nosotros, ¿qué debemos hacer?
le preguntaron unos soldados.
No extorsionen a nadie ni hagan denuncias falsas;
más bien confórmense con lo que les pagan. ."
Lucas 3 : 14

El Apóstol Pablo escribe aquí en su carta a los cristianos de Roma. Prácticamente vivían en la guarida del león. La sede del gobierno del César. ...donde el poder del estado estaba concentrado y omnipresente.

Donde mucho se hizo bien y mucho se hizo mal. Donde el abuso de posición, la corrupción, la manipulación, la condescendencia y mucho más era normal. Pero donde todas las cosas buenas que tenía el sistema estatal romano también se establecieron. Así que obviamente todas estas cosas habían inquietado tanto a los cristianos de Roma que no sabían cómo clasificarlo todo.

¿Pablo dijo aquí que deberíamos/debemos decir sí y amén a todo? ¿Que todo está bien? ¿Que debemos aceptar todo? No, en absoluto. También puedes estar en contra de algo sin rebelarte inmediatamente. Tener una opinión y convicción diferente, sin reaccionar con violencia, destrucción, odio.

Pablo describe la tarea que Dios le ha dado al gobierno y cómo debería ser el comportamiento de la gente.

Cuando leemos la Biblia, nos damos cuenta de que Dios es un Dios de orden. Ya en el informe de la creación de la Tierra podemos ver que el Espíritu de Dios se cernía sobre el "caos" (la palabra original en hebreo dice: Tohubawohu) antes de que Dios reuniera todas las piezas - una por una - en ese

34

cierto orden en el que todavía podrían estar hoy.

¡¡¡Si el hombre no hubiera estado en la escena!!!!

También se nos dice sobre la Caída del Hombre, que primero Eva y luego Adán hicieron lo que no debieron hacer. El diablo los había persuadido de que Dios no era nada amable con ellos, que no quería que tuvieran lo mejor y que estaba reteniendo lo mejor. El diablo despertó la rebelión, el orgullo y la codicia en los corazones de los primeros humanos.

Un plan literalmente diabólico.

Y el desastre comienza...
...por el " Maestro del desastre", el Jefe de todos los Tohubawohu (= caos), el Sr. Oscuro, el Padre de las mentiras, el Organizador de la maldad, el Asesino y Destructor, ¡el viejo y feo Sr. Diablo!
(Puedes leer todo eso en los capítulos 1 a 3 del Génesis; Ezequiel 28:11-19; Isaías 14:1-17 - ¡Es realmente emocionante, te da mucha información sobre las cosas básicas de la humanidad y es un verdadero thriller criminal de la vida!)

Se describe muy claramente cómo Dios imaginó su mundo con la gente en él. El diablo, antes llamado Lucifer, era uno de los principales ángeles. Entre otras cosas, era responsable del fondo musical, del sonido y alabanza en el cielo, debía ser muy inteligente y bueno y también muy hermoso y tal vez cercano al "Mr. Universo". Así es como la Biblia habla en las Escrituras mencionadas anteriormente.

Así que esto es algo muy fuerte. Lucifer, uno de los ángeles más altos del cielo, tenía todo lo que puedas imaginar. Estaba sirviendo a un Dios misericordioso y amoroso. Tenía una buena reputación, la confianza de Dios y libertad de acción. Vivía en ese reino perfecto donde todo estaba disponible.

35

Todo fue creado para la perfección eterna, la vida, la plenitud, la suerte, el amor y la comunión con Dios. Todo podría haber sido tan bueno.

Pero entonces ocurrió lo inimaginable: se enorgulleció por la posición que Dios le dio, por su belleza y sus talentos, y en su corazón desarrolló una actitud rebelde contra Dios. Planeó una revolución de palacio, tentó a un montón de ángeles y ...

... fue expulsado con todos sus seguidores. El "Sr. Estúpido" había pensado seriamente que podía llegar a ser como Dios. Él, que conocía muy bien a Dios, a quien se le había dado confianza y amor. Él, que conocía el reino de Dios a fondo, que conocía todos los principios divinos y cómo funcionan. Y entonces él... comenzó la revuelta. Qué estúpida debe ser una persona.

Pero el orgullo, la codicia y el "Yo Quiero Ser" habían ofuscado su mente. Había erosionado su corazón. Había provocado la rebelión, el odio, el asesinato y la destrucción contra todo lo que concierne a Dios, sus órdenes, sus principios y su pueblo.
¡Mamma mia!

Así que eso es lo que podemos ver día a día cuando vemos las noticias en la televisión, leemos nuestro pequeño periódico regional, cuando nuestros hijos llegan a casa desde el jardín de infancia o la escuela y lloran mientras nos cuentan lo que pasó ese día. Cuando lo experimentamos nosotros mismos, al ser engañados o al subir al barco equivocado.

Es entonces cuando podemos reconocer la escritura y el trabajo de este Sr. Caos, ese diablo, Satanás, la vieja serpiente y sus compinches. Esa es su "tarjeta de presentación" para el mundo. Podemos reconocerlo si queremos.

36

"El ladrón no viene más que a robar, matar y destruir;
(esta es la carta del diablo)
Mi (Jesús) propósito es darles
yo he venido para que tengan vida,
y la tengan en abundancia..
(Oh - Yo amo a Jesús!)
Yo soy el buen pastor.
El buen pastor da su vida por las ovejas."
Juan 10 : 10 + 11

Empieza a ver las noticias teniendo en cuenta esa escritura. Ese motivo de orgullo, motivo de codicia, motivo de querer ser, motivo de odio, motivo de egoísmo.
Y si puedes encontrar estos motivos solos o juntos, viendo la televisión, leyendo las noticias o lo que sea, entonces también sabes qué letra o personaje tiene esto o aquello. Entonces puedes estimar si es de Dios o de Su concurrencia.

Oh, por cierto: aquí tienes un pequeño truco para ti ahora:
Si este Sr. Horrible, Sr. Oscuro o Diablo, tal y como a usted le gustaría llamar a ese enemigo de Dios y del ser humano, si una vez más le molesta, le ataca, quiere atarle todo tipo de basura, no le deja en paz, no se aleja de usted y le recuerda constantemente su pasado, para hacerle subir al bote equivocado de la autocompasión - así que si hace eso, recuérdele placenteramente sobre su futuro!

¡Toma tu Biblia y léela en voz alta y con mucha alegría!

Por ejemplo: Ezequiel 28 : 11-19
                   Isaías 14: 1-17
                   Colosenses 2 : 14+15
                   Mateo 25 : 41
                   Apocalipsis 20 : 10
                          ...
                          ...
                          ...

Todavía hay muchos versos. Empieza a investigar sobre ellos, elígelos y escríbelos aquí, y pronto tendrás un "diccionario del revés" para que te lo recuerden.

Oh hombre - Te digo, a satanás no le gustan estas Escrituras. Se cree que es el Sr. Camisa Rellena, pero según la Biblia no es nada. ¡Realmente nada! Jesús le aplastó la cabeza y le dio una migraña permanente. Tal vez por eso está tan enojado y malhumorado.

Lo que sea - ¡¡¡es su propia culpa!!!
No me da lástima.

Y debido a que estas circunstancias caóticas, destructivas y estancadas reinaron en el mundo desde la caída de la humanidad, Dios se le ocurrió algo para proteger la coexistencia de los seres humanos. Para el funcionamiento de las sociedades. Él ideó planes. Buenos planes. Muuuuuy buenos planes.

Un plan de rescate único, súper brillante y un plan de la sociedad maestra.

Ha establecido normas, reglas, mandamientos, que se establecen tan ampliamente, que cada ser humano puede moverse y desarrollarse absolutamente libre en él, si respeta los límites del otro y no siente estos límites como una amenaza, porque sabe que Dios es absolutamente bueno y nunca quiere o hace nada malo al hombre.

Y ha traído el plan maestro para derrotar al diablo y abrir posibilidades para detener las acciones y planes, para destruir las obras de la oscuridad de nuevo. Él mandó a su amado hijo Jesús a la carrera. Jesús caminó por el camino del hombre aquí en la tierra, a través de todos los problemas y desafíos que este mundo conoce. Y siguió este camino confiando plenamente en su Padre en el cielo, no tenía que probarse a sí mismo.

El amor de Dios lo envolvió completamente y así pudo resistir todos los sucios y babosos intentos de asumir el carácter del diablo o de caer en su trampa.

El diablo realmente pensó que el plan general había terminado cuando mató a Jesús. Así que lo hizo. Consiguió que la gente acusara, condenara y crucificara a Jesús inocentemente. Se regocijó cuando Jesús fue colgado en la cruz, su sangre goteando lentamente a la tierra. Vio a Jesús con todos los pecados del mundo, la maldición de la ley y la enfermedad cuando estas cosas mortales fueron puestas sobre Él.
¡Pero el tiro salió tan mal! ¡Todavía hoy se come la cabeza por haber hecho eso! (perdón por la jerga - ¡pero es verdad!)

Que ya no se dio cuenta, por odio, de las muchas sugerencias y anuncios, profecías acerca de la venida de Jesús, Su muerte y resurrección triunfante y la abrumadora victoria sobre el diablo, a pesar de que había conocido a estas escrituras de memoria durante siglos.

Por su muerte y resurrección, Jesús se convirtió en un ganador victorioso, el conquistador del diablo, el restaurador de los principios divinos en la tierra, por lo que todo aquel que se confía a Jesús se convierte en un hijo de Dios en este mundo, equipado con poder, autoridad y una misión.
¡Eso es, muchacho!

„Desarmó a los poderes y a las potestades,
(el diablo y sus compañeros)
y por medio de Cristo los humilló en público
al exhibirlos en su desfile triunfal.
Colosenses 2 : 15

„ Mas a cuantos lo recibieron, (Jesús)
a los que creen en su nombre,
les dio el derecho (= autoridad, poder)
de ser hijos de Dios. "
Juan 1 : 12

Fue una excursión muy corta por lo que Paul describe esta parte con las autoridades. Por qué lo necesitamos y cómo debería funcionar.

Pongámoslo en una cáscara de nuez.
Queremos verlo de la manera ideal, tal como Dios imaginó que serían las autoridades:

La autoridad es querida y designada por Dios,
ella es una sirvienta de Dios
para las sociedades del mundo.
Su tarea es promover el bien,
para perseguir y castigar el mal.
El bueno no tiene nada que temer,
pero el que hace el mal.

Ok. Ese es el ideal, el estándar divino.

Pero como ya he dicho... ¡si el hombre no hubiera estado!
Por desgracia, es propenso a la perversión, la codicia, el abuso, el egoísmo y así sucesivamente.
Ya hemos aprendido de dónde vienen todas estas actitudes.

Por eso Juan el Bautista dice a los soldados en el otro pasaje de la Biblia:

No hagas violencia a nadie
No hagas nada malo
Esté contento con su salario

40

Es muy interesante que Juan no le dijera aquí a los soldados que mantenían e imponían el orden del estado en la época de Jesús:
"Por el amor de Dios, ¿cómo pueden ser soldados? ¡Una profesión tan blasfema! ¡Deben convertirse en pacifistas! ¡Vayan a la oficina de empleo romana y a un curso de reciclaje como enfermeros!"

¡Noooo! Menciona las tres grandes áreas de desafío y peligro que enfrentan las autoridades y sus empleados:

Abuso de la posición / autoridad
Ilegalidad y desigualdad ante la ley
La corrupción y la codicia

Y estos siguen siendo los mayores problemas de las autoridades de todos los países hoy en día.
Y sólo porque algo puede salir mal y también lo hace, no significa que el concepto original detrás de ello sea malo e inútil. Por el contrario, mientras más personas se comporten correctamente, menos se equivocan, en ambos lados.

Y así comenzó mi viaje como policía recién graduado en febrero de 1976, una decisión que había madurado, rezada, confirmada por Dios y, gracias al apoyo amoroso de mis padres, se puso en práctica.
¡Estaba con las Tropas de Policía de Baviera!

Sabía que tenía razón. Pertenezco a los "Siervos de Dios", un instrumento del Dios Todopoderoso.

Aquí tienes un espacio para que escribas las cosas que lees en el periódico, que te diste cuenta en relación con los motivos diabólicos de los que hablamos recientemente. Y entonces te darás cuenta de cómo nuestra sociedad se ha visto afectada. (Me temo que no hay suficiente espacio.)

Déjeme darle un primer ejemplo:

El escándalo de los vapores de gasoil   Motivo: codicia inescrupulosa
(Volkswagen, Audi...)

....

Pasar por alto el pozo de excavación ...

... o cómo hacer que un Volkswagen Van vuelva a la carretera de nuevo

Una noche conduje solo en el coche patrulla, era una furgoneta Volkswagen (VW Bus), a una familia en la ciudad para realizar un interrogatorio. Ya estaba oscuro, era tarde. El hombre al que quería interrogar no había llegado antes a casa del trabajo.

Cuando llegué y aparqué en la casa, vi un pozo de construcción que no estaba muy bien asegurado. Todavía pensé que tendría que preguntarle al hombre sobre ello, o más bien disponer de una protección adecuada.
Así que llevé a cabo el interrogatorio, el tiempo pasaba, todavía estábamos hablando de un montón de cosas, y - me olvidé de la excavación.

Cuando quise volver a la estación, fui esta vez del otro lado al autobús VW, sin pasar por el foso, me subí y conduje hacia atrás. Giré las ruedas y después de una corta distancia hacia atrás - hubo un fuerte golpe.

Estaba fosilizado, sentado en mi autobús y lentamente me di cuenta de lo que había pasado. Había entrado en el foso con la rueda trasera derecha y ahora estaba sentado con el chasis del vehículo.
Oh, Dios mío.
Salí del coche y me di cuenta de que nada estaba dañado o roto. Simplemente me senté.

Ahora bien, un buen consejo era "bastante caro" y pensé en las posibilidades. Siempre llegué al mismo resultado con todas las alternativas: llamar a una grúa, llamar a los colegas, etc:

"¡Se están riendo a carcajadas!
¡Y yo soy el hazmerreír!
Avergonzado hasta los huesos,
la burla de todo el departamento".

Toda la escena de bromas, chistes, alusiones y burlas que el surtido de la policía tenía para ofrecer entre los colegas corrió ante mi ojo interno. Fiel al lema: ¡Si tienes colegas, no necesitas enemigos!

Y de nuevo sólo tenía la oración de que Dios me sacara de esta miseria, de esta situación embarazosa, sin importar cómo.

Y eso es lo que encuentro tan brillante de ÉL. Desde que me decidí conscientemente por Él, la Palabra de Dios había tomado una nueva dimensión. Era SU palabra para MI vida y MIS circunstancias. Ninguna palabra mágica se registra en el estilo de Harry Potter según el lema: "para los autobuses VW en las obras de construcción hay que decir una fórmula mágica especial: "54 - 345cv45-hocus-pocus-fidibus" y luego sale de nuevo.

No así.

La Palabra de Dios tiene respuestas a todas las preguntas y desafíos de la vida. Están escritas en la Biblia y pueden y quieren ser descubiertas con el Espíritu de Dios, SU Espíritu Santo, creídas y para ser usadas en confianza y bajo SU instrucción.

Y para ello utiliza a menudo informes de otras personas que ya han experimentado lo casi imposible con Jesús, que han tenido su propia confianza en Dios y el coraje de atreverse a hacer lo imposible.

Y eso es lo que significa "fe". Confío en SU palabra, en SU amor por mí y SU cuidado por mí, en SUS recursos y posibilidades inimaginables.

¡Y eso me recordó a mí!

¡Jesús caminó sobre el agua y también lo hizo Pedro!
(Claro, yo no era Jesús o Pedro, pero Pedro fue capaz de - al menos por un tiempo)

Jesús alimentó a más de 5000 personas con sólo unos pocos sándwiches de pescado. (La comida se multiplicó una y otra vez cuanto más se distribuía -¡Me gustan las hamburguesas de pescado!)

Moisés dividió el Mar Rojo, porque no había un ferry para unas 100.000 personas.

Sansón tenía un poder sin fin y llevó las puertas de toda la ciudad hasta la montaña.
(Rambo es un Tarzán flojo comparado con él)

Y luego hay momentos en que Dios te da una palabra especial para el momento de manejar una situación. Y esta palabra libera a través del Espíritu Santo, conectado con mi fe, confianza y coraje, un poder que no puedes imaginar.

„El Señor es mi luz y mi salvación;
¿a quién temeré?
El Señor es el baluarte de mi vida;
¿quién podrá amedrentarme?"
Salmos 27 : 1

45

„Todo lo puedo en CRISTO
que me fortalece!"
Filipenses 4 : 13

Y eso es exactamente lo que pasó en ese momento. Estas escrituras bíblicas que vinieron a mi mente liberaron su poder en mi corazón y mi fe. Mi mente estaba luchando con manos y pies (o algo así) contra lo que estaba a punto de suceder. ¡Fe en acción!

Lo puse en punto neutral, solté el freno. No podía pasar nada más, el autobús VW estaba atascado en el agujero. Entonces fui al paso de rueda trasera derecha, dónde estaba el auto, agarré el paso de rueda (todavía eran muy sólidos en este tiempo) con ambas manos y levanté el autocar VW. Lo empujé por encima del agujero, lo solté, entré, dirigí la rueda delantera alrededor del foso y conduje hasta el departamento. Silbando indiferentemente volví e hice mi papeleo como si nada hubiera pasado.
No les dije nada. No me habrían creído de todos modos. Y no me apetecía tener discusiones divertidas.
Por fuera era el Sr. Genial, pero por dentro estaba agitado, excitado y confundido al mismo tiempo, lleno de adrenalina; yo mismo apenas podía creerlo. Incluso hoy, cuando pienso en ello, se me pone la piel de gallina por el poder de Dios y Su Palabra. Y ahora era sólo un andrajoso autocar VW, buen metal grueso, motor en la parte trasera, ¿cuántos kilos en la parte trasera? ¿1000? No lo sé, ¿vale?
¿Qué pasa cuando Dios hace algo realmente pesado?
Puedes llamarme "Münchhausen" (una figura de un cuento de hadas alemán que siempre experimentó historias increíbles) o cualquier otro narrador. Pero es verdad. Eso es lo que yo represento. ¿Por qué debería mentirte? No tengo ningún beneficio.
He experimentado esto unas cuantas veces en mi vida, pero no te cuento estas historias aquí, de lo contrario no me queda nada para mi próximo libro. Lo siento. ☺ ☺ ☺

46

Otro mundo
U - 903 en la patrulla de combate
(U 903 - designación y número de un submarino alemán de la Segunda Guerra Mundial)

Es una situación muy emocionante cuando tienes que tratar con gente que de alguna manera está completamente fuera de sí. Pero inofensivo. Y hay muchos de ellos. No llaman la atención, son inofensivos, como dije, sólo se interponen en el camino de ciertas personas.

De acuerdo con mis observaciones de los últimos 40 años, normalmente durante la luna llena. Este fenómeno se describe a menudo, pero se niega científicamente que haya alguna conexión. Bueno, deberían, ese no es el punto.

Pregunte a las enfermeras, paramédicos, policías, gente que trabaja en la línea del frente, justo al lado de ellos, que tratan con esas personas. Te dirán mucho sobre la luna llena y las anormalidades en la gente.

Un episodio siempre ocurrió sólo en noches de luna llena. Durante años. Lo conocíamos, nos gustaba, lo esperábamos en el mercado... ¡y entonces apareció!

Luna llena - las calles desiertas - nadie a lo largo y ancho - solitario al lado de la carretera un coche patrulla - dos policías esperando el espectáculo recurrente mensual:

U en una patrulla de combate!

Una marca "Ford Sierra", azul claro. Todos conocíamos este vehículo, conocíamos al hombre mayor que lo conducía, solo en el vehículo, de aspecto bien cuidado.

Ve el coche patrulla, frena, se detiene a la derecha y salta.
De pie junto a su coche, adopta una postura de soldado, pone

su mano derecha en su gorra inexistente y hace un informe en el sonido del cuartel:

"Reporte obedientemente,
U 903 en patrulla de combate,
no se ven barcos enemigos!"

Cuando traté con él por primera vez, apenas podía creer que algo así existiera. Mi "entrenador de osos" me había advertido. Y entonces te paras frente a él, escéptico y cauteloso.
¿Es peligroso? ¿Te ataca? ¿Qué es lo siguiente?

Al principio traté de hablar con él normalmente, traté de convencerlo con argumentos razonables de que la guerra terminó hace mucho tiempo; que esto no es el Océano Atlántico, sino el mercado de un pequeño pueblo, y que no tiene un submarino, sino un Ford Sierra.

Me di cuenta rápidamente de que mis argumentos no le llegaban. Mi colega me dejó hacerlo con una sonrisa.

Patrulla Luca 12/3" contra el "U-903".

Un Volkswagen Beetle de la policía de época contra un coloso de acero de un astillero de guerra alemán.

No pude llegar a él en esos momentos. No respondía al habla normal. Era bondadoso, no era agresivo de ninguna manera, no era peligroso, no era rebelde, ... simplemente estaba en su patrulla de combate. Este era su mundo bajo la luna llena.

Lo interesante era que si te reunías con él fuera de la luna llena y le hablabas, era completamente normal. No sabía nada sobre el U 903. Era como un sonámbulo. También conducía su coche con seguridad, obedecía las normas de tráfico, etc. No había razón para sacarlo de la

48

circulación.

Aparentemente la luna llena creó un flashback en su mente.

Aquí una pequeña e interesante deficición de *WIKIPEDIA:*
Un "FLASHBACK" (expresión inglesa, literalmente: fulgurous back, traducido libremente como: re-experiencia o memoria de reverberación) es un fenómeno psicológico, que es causado por un estímulo clave. La persona afectada tiene entonces una repentina y generalmente poderosa reexperiencia de una experiencia pasada o de estados emocionales previos. Estos recuerdos pueden ser de cualquier tipo de sentimiento imaginable.
El término se utiliza principalmente cuando el recuerdo aparece involuntariamente y/o cuando es tan fuerte que la persona revive la experiencia, incapaz de reconocerla completamente como un recuerdo.
Estado: 01.01.2018)

… lo que le devolvió a sus días en la "Wehrmacht".

Y había conocido a mucha gente como él. También había tipos que se volvían agresivos y viciosos, con los que teníamos que pelear, pero prefiero no hablar de eso aquí.

¿Qué haces con un amigo así ahora? Lo normal no funciona. Lo único que podía pensar en ese momento era que tenía que conocerlo de alguna manera en su "mundo" para poder hablar con él. Y para que hiciera lo que en realidad quería que hiciera, es decir, que se fuera a casa y se acostara.

Bueno entonces - para poner al tacto:
Me planté delante de él, (obviamente me vio como un oficial superior, de lo contrario no me habría informado.)
Mano derecha a la respuesta de saludo y mensaje a mi inexistente gorra naval y le dijo en el tono militar comandante:

49

„¡El marinero Meier!
(así se le llamó, se adivinó el rango)
¡Gracias por el informe, debería retirarse!
(en tercera persona, habla antigua,
utilizado también en zonas rurales de Alemania durante mucho tiempo
hasta los años 90)
Y volver inmediatamente a su puerto de origen.
Termina la patrulla de combate y déjalo descansar ".

Saludó con prontitud, repitió la orden en forma corta como estaba prescrito:

"¡Sí, entendí! "¡Termina la patrulla de combate, puerto, descansa, Roger!"

saltó a su U 903 - uh - su Ford Sierra y se fue.

Lo seguimos a distancia, de hecho condujo a casa, condujo al garaje. Entró en la casa, vimos la luz por un momento, y luego el silencio en la nave. La noche fue tranquila.

El juego y los discursos se repetían cada mes en luna llena. Ciencia o ninguna ciencia.

No sé cuánto tiempo estuvo fuera por la noche en su patrulla de combate cuando no pudimos detenerlo por otras misiones. Probablemente toda la noche o hasta que se le acabó la gasolina. No fue torpedeado, por supuesto que no.

Otro ejemplo donde desarrollé aún más talento de actuación fue...

La monja desnuda ...
... una anciana encuentra la paz

Teníamos una viuda muy anciana en la ciudad que vivía sola en su pequeña casa. Era muy conocida en la oficina porque también tenía un "empujón", como lo llamábamos. No tenía parientes, no se conocía a nadie que pudiera cuidarla. Tenía una especie de complejo de persecución, pero inofensivo, casi lindo. Para mí. Para ella, era un verdadero dolor emocional de la vida.

Un día me tocó a mí (hace unos 30 o 35 años) ir a su casa, ella había llamado de nuevo porque estaba siendo espiado. (??? Hey - ¿qué está pasando???)

Ok, ese es siempre el acto de equilibrio en tales operaciones, sabes que los hechos no son realmente verdaderos, pero nunca puedes estar seguro de que esta vez no haya algo más. Además, estas personas desarrollan una fuerte persistencia y mantienen llamando hasta que una patrulla llegue.

Entonces llegamos a la casita y tocamos la campana. La abuela abre la puerta, vestida de pico-bello y también con su pelo, sin signos de negligencia o desorden. También en la casa todo está en su lugar y limpio.

Así que me presento. "Buenas tardes, "Wachtmeister" (significa: agente) Kunstmann del departamento XY. Usted nos llamó. ¿Cuál es el problema y cómo podemos ayudarle?" (A menudo me he referido a mí mismo como "Constable" = "Wachtmeister" a personas mayores, sin importar mi rango actual. La mayoría de la gente no tiene ni idea del rango. Pero "Wachtmeister" era un término muy conocido).

Me dice con total convicción que un artista loco se ha instalado encima de ella, que ha hecho un agujero en el techo

51

de su dormitorio y ahora la mira desnudarse y acostarse todas las noches. También ha pintado una monja desnuda en la parte exterior de su puerta.

Por mi alma, ¡qué gángster sexual!

Miro a la abuela, me mira a mí. Estaba completamente seria y preocupada. Estaba a punto de estallar riendo por dentro, por supuesto. No se me permitió mostrar que no la tomé en serio. ¡Fue toda una historia! La monja desnuda (¿cómo puedes reconocerla?) y un Peep Show por la noche. Está bien.

Entonces le pregunté, muy inocentemente y de manera oficial, ¿cómo se podía reconocer que era una monja - si estaba desnuda?

Sin piedad, la anciana me miró y me dijo: "¡Bueno, la cofia!". Por supuesto. ¿En qué más podría haber estado pensando? Debería haberlo sabido. Asentí comprensivamente y luché con éxito contra el abrupto calambre de la risa.

¿Qué haces en una situación así? Había aprendido que había que tomar en serio a estas personas, que por todo tipo de razones perciben las cosas de manera diferente, para poder encontrarlas en su propio mundo y ayudarlas en la medida de lo posible.

Hoy en día, esto suele ser diferente, las personas confundidas se comunican inmediatamente a la autoridad reguladora o son llevadas allí, en los casos agudos son admitidas en un hospital mental. En el pasado, estas cosas se manejaban con lo mejor de nuestro conocimiento y capacidad. Clínica psiquiátrica era una palabra extranjera, para todo el papeleo había que encontrar un colega que supiera qué formularios rellenar.

Hoy en día, casi no hay turnos en los que haya que llevar a personas de diferentes edades a la clínica psiquiátrica.

Así que le expliqué a la anciana que se trataba de un caso de impertinencia particularmente grave y que pondríamos fin al pintor ahora y para siempre.
La señora me miró sorprendida, probablemente yo era el primero de una larga lista de colegas que ya se habían involucrado con ella y que la tomaban en serio.

Así que fui con ella a la casa y me mostró el "Peep-Show-Hole" en el dormitorio. Señaló una pequeña mancha oscura en el techo blanco.

"Eso es lo que perforó en él, y siempre mira a través de él, el lascivo!"
Estaba completamente indignada.
En el techo estaba en realidad... ¡nada! Sólo una pequeña marca oscura.

Y ahora lentamente entré en mi elemento. Desde la infancia tuve una vívida fantasía, talento de actor y suficiente audacia para hacer locuras.

Para horror de mi colega le dije: "Tiene mucha suerte de que estemos aquí hoy. ...porque somos especialistas en estas cosas y tenemos un equipo especial".

Miré a mi colega y vi que se preguntaba cuál de los dos, el policía o la abuela, tendría que ir al manicomio.

Dejé que la abuela me enseñara la foto de la monja desnuda, señaló el exterior de la puerta de su cocina. No había absolutamente nada allí.
Dudé por un momento, pero ella dijo que sólo se podía ver desde cierto ángulo. Ya había intentado varias veces
lo lavarían, pero no funcionaría.

53

¡Era un idiota! - Por supuesto - el ángulo especial. Podría haberlo descubierto por mí mismo. Así que estuve de acuerdo con ella y confirmé que era una foto blasfema y que tendríamos que quitarla de todas formas.

También le expliqué con toda seriedad que mezclaría un líquido especial y lavaría el cuadro. Este líquido también sellaría la puerta de tal manera que nadie podría nunca pintar algo en él de nuevo.

Le pedí que fuera con mi colega y se quedara con él, porque a nadie se le permitía ver la mezcla del líquido, después de todo era una tintura de la policía secreta.

Fue a mi colega completamente sorprendida y esperó allí ansiosamente. Así que fui a la cocina, donde sospeché que había detergente bajo el fregadero. Y bien. Todo lo que pertenece a un hogar adecuado estaba allí. Tomé un viejo tazón de esmalte y empecé a verter algunos productos de limpieza inofensivos juntos. Preferiblemente bajo un fuerte estruendo.

Entonces, frente a los ojos de la mujer y los ojos y la boca bien abiertos de mi colega, lavé la puerta de la cocina de afuera mojada.
Después le pedí a la abuela que entrara para una inspección, porque había visto que su cara se había iluminado y empezaba a irradiar.

Le pregunté si vería algo más. "Por favor, mire bien la puerta desde todos los ángulos".
Y lo hizo a fondo y luego se cayó alrededor de mi cuello.
"¡Todo se ha ido! ¡Este desastre se ha ido! ¡No más Monja Desnuda! Muchas gracias, qué hubiera hecho sin ti, tengo tanta suerte de que estuvieras patrullando hoy, los especialistas!"

54

Ella estaba tan feliz y sin cargas. Había llegado a su mundo con un poco de teatro y había resuelto su problema.

De manera similar, también cerré el "Peep-Show-Hole" en el techo de su dormitorio y le aseguré que esta capa que había rociado sobre él ya no podía ser perforada.

Ella quería darnos dinero, estaba muy agradecida.

Nos despedimos con el comentario de que no aceptaríamos el dinero bajo ninguna circunstancia, después de todo para eso está la policía, para ayudar a la gente a obtener sus derechos y protegerlos de pintores indecentes.

Nos fuimos y nunca más tuvimos una llamada de la anciana. Realmente - nunca más - durante años - ¡todo el departamento!

Mi colega me preguntó cómo se me ocurrió una idea tan loca. Sólo pude decirle que me vino espontáneamente, porque quería ayudar a la abuela de alguna manera.

Ahora alguien podría decir que había mentido y engañado a la pobre mujer por completo y que no estaba bien.

Sólo puedo decir que no lo vi como una mentira entonces y no lo veo como una mentira ahora, al final de mi tiempo en la policía.

Para mí fue y es una medida inusual, pero necesaria para ayudar a esta mujer y también a otras personas que ya no viven en nuestro mundo. Estaba confundida debido a su edad, pero sólo en una pequeña parte de su pensamiento. No quería hacerle ningún daño, no quería darme una ventaja, no quería convencerme a mí mismo de ello, nada de eso. Sólo ayudarla. Sólo para llegar a su mundo.

En mi opinión, su conspicuidad y comportamiento tuvo una causa orgánica, como con tantos viejos con los que he tratado.

Lo que me recuerda que esto es un poco como en la Biblia.
El hombre se había distanciado tanto de Dios, su Creador y proveedor, que ya no lo percibía, ni lo escuchaba. Sólo luchaba por sobrevivir en su pequeño y miserable mundo, luchando con su vecino, ahogándose en su pecado y sus consecuencias y perdiéndose para siempre. (¿Recuerda lo que dije antes sobre el Sr. Caos, ese Sr. Oscuro?)

Y por eso Dios mandó a su hijo.
Desde el reino celestial al mundo natural.
De la perfección de Dios a la imperfección del hombre.
De un ambiente perfecto a uno imperfecto.
De la eternidad a un mundo temporal y transitorio.
Del Reino de Paz de Dios a un mundo de injusticia, asesinatos y conflictos.
Jesús se sumergió en el mundo confuso y caído para crear una salida.
Se sumergió en un mundo perdido y moribundo para allanar el camino de la salvación y la redención.
Él, el Hijo de Dios, se convirtió en el Hijo del Hombre para que pudiéramos escuchar, entender y conocer a Dios de nuevo.

Para que el problema fundamental del hombre pueda ser resuelto por todos los que confían en Jesús.

ÉL, Jesús, se reunió con nosotros en nuestro confuso mundo para hacer un claro anuncio.

„Yo soy el camino, la verdad y la vida,
le contestó Jesús.
Nadie llega al Padre sino por mí.."
Juan 14 : 6

56

„Todos los que el Padre me da vendrán a mí;
y al que a mí viene, no lo rechazo. "
Juan 6 : 37

DIOS se hizo comprensible de nuevo, en nuestro lenguaje, con nuestros medios, enfocado en nuestra percepción.
Y fue muy bueno en ello.
¡Lo logró!

„Porque tanto amó Dios al mundo,
que dio a su Hijo unigénito,
para que todo el que cree en él no se pierda,
sino que tenga vida eterna.
Dios no envió a su Hijo al mundo para condenar al mundo,
sino para salvarlo por medio de él. . "
Juan 3 : 16 + 17

„La actitud de ustedes debe ser como la de Cristo Jesús,
quien, siendo por naturaleza Dios,
no consideró el ser igual a Dios como algo a qué aferrarse.
Por el contrario, se rebajó voluntariamente,
tomando la naturaleza de siervo
y haciéndose semejante a los seres humanos.
Y al manifestarse como hombre,
se humilló a sí mismo
y se hizo obediente hasta la muerte,
¡y muerte de cruz!
Por eso Dios lo exaltó hasta lo sumo
y le otorgó el nombre que está sobre todo nombre,
para que ante el nombre de Jesús
se doble toda rodilla en el cielo y en la tierra
y debajo de la tierra,
y toda lengua confiese que Jesucristo es el Señor,
para gloria de Dios Padre. "
Filipenses 2 : 5 – 11

„Por haber sufrido él mismo la tentación,
puede socorrer a los que son tentados. (Jesús) "
Hebreos 2 : 18

Vaya, qué descripción de la "Misión Tierra" de Jesús.
¡¡La "Misión -Hacerse humano- para que podamos entenderlo de nuevo"!!!

¡Qué lamentable fueron mis esfuerzos por ser escuchado en el mundo del "U-903" y de la "Monja Desnuda"! Pero lo he intentado de todas formas, a mi nivel, con mis posibilidades, con el éxito humano y sin embargo no hay nada que se compare con lo perfectamente que lo ha hecho Jesús.

Con el fenómeno de la "confusión" a menudo hay causas orgánicas, pero también causas espirituales que pueden confundir a una persona. Y aquí, la tintura especial y un espectáculo creíblemente interpretado no es suficiente.

El "Policía de Tráfico" confuso...
... y cómo el amor de Dios llega a la celda

Antes de la próxima experiencia tengo que decir que, en aquellos días, y ya hace más de 20 años, todavía no tenía el entendimiento y la revelación sobre la autoridad espiritual, los demonios y la liberación en Cristo que tengo hoy. Hoy la historia probablemente terminaría de manera diferente.

Estaba dentro de la oficina cuando recibimos una llamada de que un joven confundido estaba parado en una concurrida intersección y dirigía el tráfico. Envié una patrulla para que lo revisara y se llevara al joven en custodia. Deberían llevarlo a la comisaría de policía.

La patrulla lo trajo después de un tiempo. No sabían qué hacer. No pudieron sacarle nada. Cada pregunta sobre él o sobre cualquier otra cosa, se reía a carcajadas y se burlaba. Retorció sus ojos hasta que sólo se podía ver el blanco y torció y retorció sus brazos, manos y dedos de una manera completamente antinatural. Se articulaba sólo como un animal, con chillidos y gruñidos, era como en una película de terror.

Por su propia seguridad y porque no podíamos dejarlo en la estación con el resto del tráfico público, lo encerramos en una celda para nuestra y su protección. No estaba herido, no tenía nada con lo que pudiera resultar herido. La patrulla ya lo había revisado a fondo y esperaban encontrar algo que apuntara a su persona, pero desafortunadamente nada de eso.

Mientras esperaba en la celda del sótano, intentamos averiguar quién podría ser y si había desaparecido o escapado de algún sitio.
Llamamos a los hospitales y hogares, comprobamos las búsquedas actuales, sin éxito.

Finalmente decidí ir a él y manejar el caso con mi fe y con el nombre de Jesús. Veamos qué es lo que eso haría. Aún no era tan firme en esta combinación.

Me llevé a un joven aprendiz de policía para no estar a solas con el tipo confundido.
Le ordené al joven colega que se pusiera en la puerta y que si era necesario pidiera ayuda y fuera testigo de lo que pasara.
Estaba un poco preocupado, pero vino conmigo porque tenía que ir, ¡claro! Yo era el jefe.

En el pasillo delante de las celdas no se oía nada más. Nos acercamos a su celda en silencio y miré por la mirilla. Podría ser que estuviera fingiendo algo. Pero se sentó tranquilamente en su litera.

Abrí la puerta exterior, en ese momento saltó, volvió a torcer todo y rugió y bramó como un animal.
Se nos puso la piel de gallina en la espalda y los pelos de la nuca se pusieron de pie (yo tenía un poco más de pelo en ese momento).

Pero yo estaba decidido y sabía que en este caso sólo podía seguir adelante con el nombre de Jesús. Quiero decir, no sabía mucho sobre esta área de cosas demoníacas en ese entonces, era prácticamente un territorio nuevo para mí, pero como dice el dicho: "Lo que tienes que hacer, hazlo".

En ese momento sentí una valentía como nunca antes.

Una voz interior parecía decirme: "No tengas miedo, estoy contigo". Reconocí a Jesús en esa voz.

Me acerqué a la segunda puerta de la celda. Detrás de esta puerta el joven estaba rugiendo y gritando.

60

Le ordené en voz alta y firme:
"¡Mírame!"

Y he aquí que se detuvo, me miró, rugió y gruñó aún con fuerza. Todavía retorcía los brazos y las manos, pero me miraba.

Pensé para mí mismo: Bien, eso parece funcionar, sigue mirando. Y seguí adelante.

"¡Cállate, deja de delirar, en el nombre de Jesús!"

¡Bumm! Fue como si le hubieran cortado la electricidad. En un segundo
estaba en silencio, se quedó quieto, sus brazos colgaban completamente rectos e impotentes, me miró hechizado.

"Ahora voy a entrar.
Siéntate en la litera y guarda silencio."

Se sentó y se quedó callado.

Antes de cerrar, me aseguré de que el joven colega estuviera en guardia. Le pregunté: "Mike, ¿cómo estás? ¿Todo bien?"

Se paró en la puerta y susurró: "¡No vas a entrar ahí, es peligroso!"

Pero en ese momento supe que no me haría daño. La fe en Jesús y su palabra me hizo sentir seguro y fuerte.

Mike se había dado cuenta de que esto era algo religioso y había cruzado sus manos bien y automáticamente, como si estuviera rezando. Probablemente había logrado evitar la "señal de la cruz", pero eso es ahora sólo una suposición.

Así que abrí la puerta y di el primer paso hacia la celda.

De repente, el confundido me habló con una voz oscura pero claramente comprensible. Una voz de la nevera, una voz de una tumba, una voz de una pesadilla.

"Déjame en paz o te mataré".

En ese momento supe exactamente lo que estaba pasando y quién estaba hablando.

De repente me vinieron a la mente escrituras bíblicas que describían situaciones similares y se ajustaban exactamente a mi situación:

,, Cruzaron el lago (Jesús y sus disípulos)
hasta llegar a la región de los gerasenos.
Tan pronto como desembarcó Jesús,
un hombre poseído por un espíritu maligno
le salió al encuentro de entre los sepulcros.
Este hombre vivía en los sepulcros,
y ya nadie podía sujetarlo,
ni siquiera con cadenas.

Muchas veces lo habían atado con cadenas y grilletes,
pero él los destrozaba,
y nadie tenía fuerza para dominarlo.
(Mamma mia – ¡qué poder demoníaco!)
Noche y día andaba por los sepulcros y por las colinas,
gritando y golpeándose con piedras.

Cuando vio a Jesús desde lejos,
corrió y se postró delante de él.
—¿Por qué te entrometes,
Jesús, Hijo del Dios Altísimo? —gritó con fuerza—.
¡Te ruego por Dios que no me atormentes!

62

Es que Jesús le había dicho:
«¡Sal de este hombre, espíritu maligno!»
—¿Cómo te llamas? —le preguntó Jesús.
—Me llamo Legión —respondió—,
porque somos muchos."
Marcos 5 : 1 – 9

„De repente, en la sinagoga,
un hombre que estaba poseído
por un espíritu maligno gritó:
—¿Por qué te entrometes, Jesús de Nazaret?
¿Has venido a destruirnos?
Yo sé quién eres tú: ¡el Santo de Dios!
—¡Cállate! —lo reprendió Jesús—.
¡Sal de ese hombre!
Entonces el espíritu maligno sacudió al hombre
violentamente y salió de él dando un alarido."
Marcos 1 : 23 – 26

„Porque nuestra lucha
no es contra seres humanos,
sino contra poderes, contra autoridades,
contra potestades que dominan este mundo de tinieblas,
contra fuerzas espirituales malignas
en las regiones celestiales. "
Efesios 6 : 12

„ Cuando los setenta y dos regresaron,
dijeron contentos: —Señor,
hasta los demonios se nos someten en tu nombre.
—Yo veía a Satanás caer del cielo como un rayo —
respondió él—.
Sí, les he dado autoridad a ustedes
para pisotear serpientes y escorpiones
y vencer todo el poder del enemigo;
nada les podrá hacer daño.
Sin embargo,
no se alegren de que puedan someter a los espíritus,
sino alégrense de que sus nombres
están escritos en el cielo."
Lucas 10 : 17 - 20

La Biblia habla muy claramente sobre los espíritus malignos y los demonios que atormentan a la gente y hacen sus vidas difíciles. No todos están poseídos de la misma manera, pero las fuerzas malignas pueden venir a la vida e influenciar, atormentar, perturbar y hacer la vida difícil.

Hay muchas puertas que la gente puede abrir para tales demonios y fuerzas, consciente o inconscientemente.

Tales puertas pueden ser y muy a menudo son:

– Uso de drogas (cualquier tipo de drogas - incluso "light" - como la marijuana)
– Leer horóscopos (aunque no creas en ellos)
– Las cartas de la vida (Tarot, …)
– Astrología (tu futuro está en las estrellas, …)
– Magia en blanco y negro
– Espiritualism
– El satanismo en cualquier forma

- Un contrato de sangre con Satanás, los espíritus o los humanos
- Las sociedades secretas, los miembros de las pandillas
- y mucho más....

¡Incluso la homeopatía no es inofensiva y sin un propósito! (es sin sustancias activas y naturales, pero no sin efecto en el usuario. Abre su mente a fuerzas y poderes sobrenaturales y desconocidos, a la brujería).

El "creador" de la Homeopatía, Samuel Hahnemann

(*10. Abril 1755 en Meißen / Alemania; † 2. Julio 1843 en Paris / Francia)

había dicho que no se trataba de lo que había en ella, sino de descubrir el espíritu detrás de la sustancia. El mismo Hahnemann lo llamó brujería.

Indicación de la fuente:
"Organon der rationellen Heilkunde", publicado en 1810, § 269,
6ª edición, después de la edición de Richard Haehl 1921

"La medicina homeopática desarrolla los poderes medicinales internos y espirituales de las sustancias crudas en un grado inaudito, mediante un tratamiento peculiar, que no se había intentado hasta mi época, por el que todas se convierten en muy, de hecho inmensamente, penetrantemente eficaces y útiles (Haehl)

Texto original Hahnemann: Mucho antes de este invento mío, ya se conocían por experiencia varios cambios que se producen en varias sustancias naturales por frotamiento; por ejemplo, el calor, el calor, el fuego, el desarrollo de olores en los cuerpos que son inodoros en
y de sí mismos, la magnetización del acero, etc.
Sin embargo, todas estas propiedades producidas por el frotamiento sólo estaban relacionadas con lo físico y sin vida; pero la ley de la naturaleza, según la cual las fuerzas fisiológicas y patógenas, que modifican el estado del organismo vivo, se producen por el frotamiento y la sacudida en la materia prima de los medicamentos, e incluso en las sustancias naturales que nunca se ha demostrado que sean medicinales, a condición de que esto se haga por medio de la interposición de un medio no médico (indiferente) en ciertas condiciones - Esta maravillosa ley física, pero exquisitamente fisiológico-patógena de la naturaleza no había sido descubierta antes de mi tiempo. Qué milagro, entonces, si los actuales heraldos de la naturaleza y los médicos (aquí todavía desconocidos) hasta ahora han pensado en el poder mágico de curación del, según la enseñanza homeopática preparada (dynamisirten) y en tan pequeño regalo
drogas aplicadas, no creídas hasta ahora".

Vale, obviamente había algún tipo de espíritu trabajando.

65

Porque si hubiera habido una causa psicológica u orgánica normal, el comportamiento del joven no habría cambiado por mi anuncio. Se podía ver eso con los otros colegas. No había pasado nada más.

¿Pero aquí? Aquí había algo diferente. Aquí chocaron dos dimensiones espirituales. No sabía mucho entonces; no lo que sé hoy. Pero el enfrentamiento fue de repente allí, sólo porque había entrado en el toril y no me impresionó el circo que hizo el espíritu. Ni siquiera la amenaza de muerte. Sabía quién era yo y quién estaba de mi lado y quién era el que hablaba a través del pobre joven.

¡Y el espíritu estaba bajo mis órdenes!
No me sentí intimidado, sino que miré al joven con firmeza (de hecho, miré a través de él al espíritu que estaba detrás de toda la acción) y le dije como a una tercera persona en la habitación:

"Ahora te callarás en el nombre de Jesús,
¡Voy a hablar con el joven ahora!"

Inmediatamente cambió todo el comportamiento del hombre, se tranquilizó, me miró con ojos claros y me esperó. Me senté a su lado en la litera (el colega seguía de pie en la puerta con las manos cruzadas y probablemente pensó que estaba en una película de ciencia ficción, no podía creer lo que veía).

Vi en el joven sólo una persona torturada y le pregunté qué le pasaba y cómo había llegado a esta condición.

Y lo increíble sucedió.
Empezó a hablar con una voz normal, como si fuéramos dos amigos.

66

Era muy bueno en la escuela, pero no lo suficiente para sus padres. Ellos siguieron presionándolo para que mejorara. Se esforzó al máximo, pero eso era todo lo que le era posible. Los padres siguieron presionándolo, se volvieron agresivos, lo golpearon para obligarlo a leer los libros y hacerlo mejor. Fue un martirio.

Un día, cuando la presión volvió a ser súper grande, hizo "clic" en su cabeza y estaba en esa condición. Como si alguien más estuviera controlando su cabeza ahora. Eso fue hace muchos años.

Le pregunté si lo habían puesto en un hogar.
Él negó eso, vivía en casa con sus padres. Normalmente toma píldoras fuertes, entonces estas confusiones o efectos extraños desaparecerían casi por completo. Hoy no había tomado sus pastillas y se había escapado de casa.

Le pedí sus datos personales, los nombres de sus padres y su número de teléfono.

Sin dudarlo me dijo lo que quería y lo anoté.

Entonces empecé a hablarle del amor de Dios y de que Jesús murió por él en la cruz. Que su situación no venía de Dios y que Jesús lo amaba infinitamente.
El joven literalmente chupó este mensaje de mis labios y lloró suavemente. Sentí que Jesús estaba ahora aquí con él en la celda y lo abrazó. Que ahora podía invitar a Jesús a entrar en su vida y cuidar de él. Que podía aceptar a Jesús como Señor y Salvador, para que un día pudiera pasar la eternidad en el cielo con Jesús.

Cuando le pregunté si quería recibir a Jesús en su vida, dijo sin dudarlo y con una sonrisa en su rostro "¡Si, quiero eso!" y rezamos juntos. Juntos rezamos la oración de salvación. Rezó conmigo, lo afirmó con todo su corazón, entregó su vida en la mano de Jesucristo y sentí la paz de Dios llegando a su corazón.

¡Él era súper feliz! ¡Yo también lo soy!

Ahora le he explicado el procedimiento a seguir. Informaría a su madre, ella vendría a recogerlo, debería tener paciencia un poco más, no le pasaría nada más.

Lo abracé como a un hijo y me despedí por el momento. Salí de la celda, la cerré con llave y cuando me volví a dar la vuelta estaba otra vez en su estado confuso. Nunca antes había experimentado algo así. Era como si una ventana de tiempo se hubiera cerrado de nuevo.

Subí con mi Mike, que estaba mortalmente pálido y no podía entender lo que acababa de experimentar. Se lo expliqué lo mejor que pude.

En la oficina, el colega me preguntó qué habíamos hecho durante tanto tiempo, ya que de todas formas no había nada que sacar de este tipo.

Le respondí: "Bueno, hemos hablado, ¿qué otra cosa podríamos haber hecho?
"¡Sí, sí, hablar, por supuesto!", respondió burlonamente.

Luego miró a mi joven Mike, que al principio asintió con la cabeza sin decir palabra y violentamente y salió: "Todo eso es verdad - le habló - le sacó todo."

Sin palabras fui al teléfono y llamé a la madre y le expliqué dónde estaba su hijo y que por favor lo recogería.

Ahora incluso el colega burlón estaba pálido y sin palabras.

68

Un tiempo después vino la madre, sacamos a su hijo de la celda y lo entregamos a su cuidado.

Su comportamiento era mucho más tranquilo, no más dislocaciones o ruidos extraños. Pero estaba en otro mundo otra vez. Ya no respondía.

Cuando salieron por la puerta, todavía le hablaba directamente y en voz alta. "¡Y recuerda quién te ama!"
Se dio la vuelta, brillando en su cara y dijo con una voz clara como el cristal: "¡Jesús, nunca lo olvidaré! Gracias."
... habló y se fue a casa con su madre.

En este punto me gustaría subrayar de nuevo que fue una de mis primeras experiencias de este tipo. El conocimiento y la comprensión de la autoridad espiritual se desarrolla, no todo está inmediatamente allí, yo había crecido en estas áreas a lo largo del tiempo y aprendí más de estas cosas. Y para eso están las oportunidades prácticas, además de la teoría.

Hoy ordenaría a ese espíritu que desapareciera, que dejara ir al joven. Y el fantasma tendría que dejarlo ir. Porque sería en el nombre de Jesús. El nombre al que se le da todo el poder y la autoridad en el cielo y en la tierra. El nombre al que toda rodilla debe doblarse, todo demonio y demonio derrotado (y están - derrotados para siempre) deben obedecer. ¡Por el nombre de JESÚS!

A menudo he experimentado esto en los últimos años, manifestaciones de poderes demoníacos en la vida y cuerpos de las personas. Y tuvieron que irse porque yo les ordené en el nombre de Jesús.

Oh sí - desde ese episodio yo era el hombre de los "casos especiales" en el departamento.

Antes de continuar, un pequeño ejemplo.

69

Aquí puedes escribir si alguna vez tuviste encuentros extraños y cómo reaccionarías y actuarías hoy, después de que sepas y escuches más a través de este libro.

Atado con cadenas...
... la policía y la iglesia

Hace unos años visitamos algunas iglesias en Argentina. Una noche nos invitaron a cenar en una iglesia.

Cuando llegamos, el pastor nos dijo que no teníamos tanto tiempo, que a las 10 de la noche la policía traería a un poseso. Ningún psiquiátrico lo aceptaría más porque era muy agresivo y estaba totalmente loco. Pensamos que era una cierta exageración.

Poco antes de las 10 p.m. unos cuantos hombres más fuertes (miembros de esta iglesia) entraron en la iglesia, junto con los ancianos de la iglesia y entraron en una habitación en la parte de atrás.

Pocos minutos después llamaron a la puerta, ¡fuera estaba la policía! Trajeron a un hombre de 40 años, completamente salvaje y atado con gruesas cadenas. Nunca había visto nada como esto. Se comportó salvajemente, rugió con una voz inhumana, pero fue entregado a los hombres de la iglesia. Los policías se alegraron de deshacerse de él y se marcharon rápidamente.

Terminamos nuestra visita y dejamos al pastor con sus hombres y los poseídos.

Dos días después oímos que habían liberado al hombre de estos demonios en el nombre de Jesús y que ahora era completamente normal. La policía local traería a gente como este hombre más a menudo a la iglesia porque los ayudarían de una manera que ninguna clínica podría hacer. Para la policía sólo cuenta el resultado, no el nombre de la iglesia o la denominación.

Fue increíble.

En los últimos años mi esposa y yo hemos aprendido mucho en este tema de la liberación y hemos podido ayudar a muchas personas con lazos demoníacos en el nombre de Jesús y liberarlos. Esto no tiene nada que ver con el exorcismo clásico o de la iglesia. No entiendo nada de esto. Tampoco me interesa. Sólo rezamos por la gente y ordenamos a los demonios que salgan de la persona en el nombre de Jesús.

En este punto me gustaría decir que escribí mi primer libro hace unos años. Se llama "Hechos 29" y fue publicado por el mismo editor que éste.

En este libro describo algunas cosas relacionadas con la liberación en el nombre de Jesús y cómo veo las cosas desde la Biblia. También muchas curaciones y experiencias personales por la fe.

Pero no revelaré más aquí. Lea más sobre esto al final de este libro.

¿Dónde pasarás la eternidad? ...
... no vienes pasado a JESUCRISTO

Como se mencionó en el capítulo anterior, en este capítulo hablaré de algo existencial. Algo que es importante para mí y que usted debe saber.

Se trata de TU vida. Sí, exactamente, has leído correctamente, es sobre TI.

No principalmente sobre tu vida física, sino sobre tu vida espiritual.

No sé si alguna vez has pensado en ello, pero definitivamente deberías hacerlo. Porque esa es la pregunta más importante:

¿Dónde pasarás la eternidad?
¿Con Jesús en su reino por toda la eternidad
o separado de Dios y Jesús en la condenación eterna?

Quiero contarte una experiencia:

Estábamos en una patrulla y nos dijeron que condujéramos hacia un grave accidente. Un motociclista había sido atropellado.
Bueno, estos no son exactamente los trabajos más agradables durante la patrulla, pero son parte de ella y por desgracia están a la orden del día.

El joven fue milagrosamente, gracias a Dios, no tan mal herido y fue llevado al hospital. Fue muy receptivo.

Primero nos ocupamos del accidente en el lugar, hicimos que remolcaran los vehículos dañados y luego fuimos al hospital para hablar con el motociclista y anotar los datos del accidente.

Estaba de un humor razonablemente bueno y después de completar las formalidades empezamos a hablar del accidente. Le expliqué, basándome en las circunstancias generales, los rastros y las investigaciones del accidente, que había tenido un gran ángel de la guarda. Debería alegrarse de estar todavía vivo.

Y así llegamos a la pregunta mencionada al principio, ¿dónde pasaría ahora la eternidad si el ángel de la guarda no hubiera estado aquí?

Se volvió un poco inseguro e intentó dejar el tema un poco en el aire y trató de ser "cool". Pero no lo dejé ir y le pregunté una y otra vez si conocía a Dios y cuál era su actitud hacia él. Si realmente sabía dónde estaría cuando muriera.

Entonces me dijo honestamente que ya creía en "Dios allá arriba de alguna manera", que había sido bautizado de bebé y que esperaba que esto fuera suficiente para el cielo. Después de todo, el sacerdote se lo había dicho y le había prometido.

Se acostó delante de mí en la cama del hospital, con la pierna atada y me dio mucha pena. El tipo no tenía ni idea de la eternidad, no tenía una relación real con Dios y Jesús, pero aun así esperaba que fuera suficiente...

¡Mamma mia! ¿Nadie le había dicho realmente?

Ese bautismo de bebé no tiene nada que ver con "venir al cielo", → ¿realmente nada en absoluto?
Es sólo para mojar un poco al bebé y hacerlo llorar. El bebé no entiende nada.

Esta "promesa" del sacerdote es una de las mayores mentiras de la tierra. Lo siento, no sé cómo se les ocurrió esta idea. ¡¡¡**La Biblia** no dice nada, nada, nada, nada, nada, nada, nada, nada sobre el "Bautismo del bebé" !!!!!!!!

74

Pero volviendo al tipo del hospital.
¿No sabe que...

...que sólo una relación con Jesús es el billete para ÉL?
...que no puedes pasar de Jesús?
...que Jesús lo amó infinitamente y murió por él?
...que Jesús está esperando una respuesta, una invitación?
...que sólo funciona si traes a Jesús a tu vida y le pides
    perdón?
... que puedes y debes vivir con Jesús?

Pensé en cómo podría explicárselo de la mejor manera y recé
en silencio por una idea.
¡Y llegó!

Tenía un hombre recién herido aquí, que había sido atendido
por la ambulancia y hospitalizado.
Tuvo una gran suerte (?) (!)

Así que se lo expliqué a mi manera.
"Sabes, cuando tuviste el accidente y estabas tirado ahí, ¿te
ayudó el saber que había una ambulancia? No. Saber eso,
aunque sea 1000% cierto, no te ayudará. Te desangrarás hasta
morir.

Sí, hay un paramédico (EMP), uno altamente entrenado que
está listo para ir día y noche. Que hará todo lo posible para
ayudarte. Que arriesgará su propia vida para salvar la tuya.

No es suficiente saber que hay una ambulancia o un
paramédico. No vendrá por sí solo, tiene que ser llamado.
También sabe que los accidentes ocurren, pero sólo viene
cuando se le necesita y se le quiere.

¿Has notado que los médicos de urgencias no patrullan las
calles, como el lema: "Veamos si vemos a una persona
gravemente herida tirada en algún lugar, a la que podamos

poner una tirita" o "Bueno - entonces la lesionaremos nosotros mismos, para que podamos curarla y quedar bien"?

Hey chico, ¡no hay nada como esto!

Jesús está esperando una invitación TUYA. ÉL está listo para salvarTE, para liberarTE, para restaurarTE. ¡Pero ÉL está esperando por TU propia decisión voluntaria! ¿Quieres invitar a Jesús? ¿Quieres confiar y entregarle TU vida? ¿Confiarás en ÉL?"

El tipo había entendido este ejemplo y esta pregunta. Era una combinación perfecta para su situación. Le dije lo que dice la Biblia.

(Ya teníamos esto hoy, con este número de emergencia de Dios, ¿recuerdas?:)

„Invócame en el día de la angustia;
yo te libraré y tú me honrarás."
Salmos 50 : 15
(Hey - DIOS está esperando tu llamada ☎)

Otras escrituras bíblicas lo ilustran de la siguiente manera:

„La mano del Señor no es corta para salvar,
ni es sordo su oído para oír. "
Isaías 59 : 1

„Porque el Hijo del hombre vino a buscar
y a salvar lo que se había perdido. "
Lucas 19 : 10

76

„Mas a cuantos lo recibieron,
(en sus vidas, bajo su administración)
a los que creen en su nombre,
les dio el derecho de ser hijos de Dios. "
Juan 1 : 12

Y así hemos orado juntos directamente en la habitación del hospital. Un joven se salvó, dio su vida a Jesús, que se convirtió en su Salvador y Señor desde ese momento.

Le di la dirección de una buena iglesia en su vecindario y prometí llamarlo de nuevo.

Unas semanas más tarde, estaba completamente recuperado, lo llamé y le pregunté cómo estaba. Me respondió que ahora iba a la iglesia que mencioné y que estaba aprendiendo y experimentando más sobre Jesús y la fe. Lo estaba haciendo muy bien.

En este punto también te pregunto a ti,
¿Sabes dónde estás?
pasará su eternidad?

Has leído hasta aquí y podrías pensar para ti mismo: ¡Esto no es posible! Nunca he visto u oído nada como esto. Sólo conozco a Dios o a Jesús por la educación religiosa en la escuela, que era aburrida. Mi abuela me dijo algo al respecto, pero no fue realmente emocionante. Tuve que ir a la iglesia cuando era niña, era totalmente aburrido. Este Jesús y todo eso de la fe es extraño a la vida, equivocado y bastante hipócrita.

Puede que tengas razón en parte, porque puede que hayas tenido profundas experiencias negativas en el pasado.

77

Si ha sido decepcionado en el nombre de Dios o en el nombre de Jesús, por personas que se suponía que le hablarían de amor y salvación, pero que en cambio abusaron de usted mental, física o espiritualmente. Aquellos que no te dijeron la verdad de la Biblia, hicieron falsas promesas (¡bautismo de bebés y el cielo, etc.!) y finalmente te robaron el interés en Jesús, el buen reino de Dios y una vida desbordante en Jesucristo. Lo siento mucho por ti. De verdad que sí.

Pero Dios no puede evitarlo. Nunca te decepcionará o abusará de ti. Esto es lo que te ha hecho la gente que se guía por Satanás, que están ellos mismos en una adicción demoníaca. No me importa cómo se llamen, qué posición en la iglesia tengan o hayan tenido y a qué denominación pertenezcan. Fue un pecado abismal que te llevó a estar mal informado, a ver ejemplos repugnantes y como resultado, ya no quieres saber nada de Jesús. Han cerrado de golpe la puerta de la eternidad en lugar de abrirla.
¡Recuerda la letra del Sr. Caos!

Y en este punto me disculpo con usted por todos aquellos que le dieron un mal ejemplo al alejarlo de Dios y de su Hijo Jesús en lugar de llevarlo a Jesús.
Por favor, perdónanos.

¿Sabes lo que Jesús dice de esta gente, estos "falsos guías"?

„Luego dijo Jesús a sus discípulos:
—Los tropiezos son inevitables,
pero ¡ay de aquel que los ocasiona!
Más le valdría ser arrojado al mar
con una piedra de molino atada al cuello,
que servir de tropiezo a uno solo de estos pequeños."
Lucas 17 : 1 + 2
Esto se aplica a hombres y mujeres por igual,
que se vuelven culpables de ti y por eso
no conoces a Jesús o lo conoces mal y pecas.

78

Jesús, el Hijo de Dios, está vivo y te ama y te extiende sus manos. Quiere salvarte y perdonar tus pecados. El pecado no es principalmente lo que has hecho o no has hecho, es el pecado de no creer en el nombre de Jesús.
(En el Evangelio de Juan capítulo 16, versículo 9, ahí está, si quieres leerlo)
Y eso se interpone entre Dios y tú y te impide ir al cielo algún día.

No es suficiente haber oído hablar de Jesús y entonces ÉL lo hará. Jesús está esperando tu invitación, para poder salvarte. Todo lo necesario ya está a mano. Tal vez nadie te haya dicho esto antes. En la cruz, Jesús ha comprado la redención, el perdón de (sus) pecados y una restauración completa con su sangre y su vida. Sólo tienes que reclamarlo para ti mismo. Di conscientemente "sí - necesito y quiero". ¡Eso es todo!

Invita a Jesús a entrar en tu vida, a conocerlo y a ser tu Señor. Verás que Jesús es diferente de lo que te podrían haber dicho.

Una vida sin Jesús es aburrida, sin sentido, sin futuro. La gente sin Jesús no tiene ni idea de lo que la libertad, la paz, la alegría, el entusiasmo, la fuerza y el suspenso aquí en la tierra pueden tener. Y más allá de eso, una vida en la eternidad con Jesús.

¿Dónde pasarás la eternidad? ¿Y si hay algo de verdad en la vida después de la muerte? Deberías tener o conseguir una respuesta a estas preguntas existenciales de la vida. En nuestra vida diaria nos ocupamos de todo lo posible o imposible. Pero muchos fallan en proveer para la eternidad con el responsable. ¡JESÚS!
Jesús es la respuesta de Dios a nuestra pérdida. Y un día no podrás escapar de esta decisión. A más tardar cuando estés delante de ÉL, pero entonces será demasiado tarde para tomar una decisión. Todo tiene que estar en casa y seco aquí en la tierra.

Decide ahora vivir con Jesús y dale tu vida a Jesús. No esperes a un momento posterior o mejor. No hay ninguno. Es ahora cuando es importante, porque de repente puede ser demasiado tarde. He visto muchas muertes accidentales que fueron arrancadas de la vida de un minuto a otro y de repente se presentaron ante Dios el Creador y su Juez. Podrían haber pensado que todavía tenían tiempo para responder a esta pregunta existencial.

¿No hay una decisión para Jesús? → Hasta la vista Buddy! ¡Se acabó el juego! ¡Hora de terminar! ¡Rien ne va plus! ¡Demasiado tarde! † ☹

Los invito a una nueva vida con Jesús; a experimentar SU amor, poder y perdón y a que ÉL se ocupe de sus necesidades y enfermedades.
¡Confíen en ÉL!

¿Te preguntas cómo deberías hacer esto?

¡Sólo habla con Jesús!

No tienes que cambiar antes, mejorar o algo así. Eso es una tontería, es una basura religiosa. Sólo habla con Él en la situación y condición en la que estás ahora mismo.

Si hay que rescatar a alguien del agujero de barro en el que está atascado, porque si no se lo traga, no le dices de antemano: "Sólo puedes ser rescatado cuando te hayas duchado, estés bien vestido y tu peinado sea el adecuado. Es una tontería. También lo es la fe. Como estás ahora - Jesús te está esperando y te escuchará. ¡Primero el rescate - luego la ducha!

Una vez oré con una mujer, estaba borracha como una cuba, pero quería aceptar a Jesús. Tuvo problemas para orar la oración de salvación conmigo y yo tuve problemas para entenderla. Pero de todas formas, oramos.

80

Dos días después estaba completamente cambiada, había experimentado a Jesús. Su vida estaba volviendo a la normalidad, se había convertido en cristiana. A Jesús no le importaba que estuviera borracha. Él vio su necesidad y su corazón. Y escuchó la oración, aunque el alcohol trató de evitarlo. Le agradezco a Jesús que no me haya dejado de orar con ella.

Este es el Jesús de la Biblia, mi Jesús como lo conozco y lo amo.
Invítalo, recibe a Jesús. Créelo y confiésalo.
La Biblia dice:

„ Mas a cuantos lo recibieron,
(en sus vidas, bajo su administración)
a los que creen en su nombre,
les dio el derecho de ser hijos de Dios. "
Juan 1 : 12
(esta escritura es tan importante, por eso la traigo aquí una y otra vez)

„ ¿Qué afirma entonces?
La palabra está cerca de ti;
la tienes en la boca y en el corazón.
Ésta es la palabra de fe que predicamos:
que si confiesas con tu boca que Jesús es el Señor,
y crees en tu corazón que Dios
lo levantó de entre los muertos,
serás salvo. (!!!!!)
Porque con el corazón se cree para ser justificado,
pero con la boca se confiesa para ser salvo.
Así dice la Escritura:
Todo el que confíe en él no será jamás defraudado. "
Romanos 10 : 8 – 11

81

No es difícil. Pero nadie puede tomar esta decisión por ti. Ni tus padres, ni tu abuela, ni ninguna iglesia, cualquiera que sea su nombre y lo que te haya prometido. Sólo tú y Jesús. Sólo ustedes dos pueden dejarlo claro.

Jesús nunca te forzará, pero deberías pensarlo, porque todo puede cambiar rápidamente.

Ora ahora, en el lugar donde lo acabas de leer, a Jesús y entrega tu vida en la mano del más maravilloso, amoroso, poderoso y bondadoso Señor que el mundo ha visto o verá jamás y lo experimentarás...

Jesucristo

Oración de salvación

Si quieres conocer a Jesús y sabes que necesitas el perdón y la salvación, te invito a orar la siguiente oración en voz alta, con seriedad y llena de confianza:

Señor Jesús,
Yo creo y confieso
que tú eres el hijo de Dios,
Y que viniste a la Tierra para salvarme,
Moriste en la cruz por mí,
Y tomaste todos mis pecados,
para que yo sea libre.

Has resucitado y estas vivo.
Te confieso mi pecado
Y te pido que me limpies.

Te recibo en mi vida,
¡Eres mi salvador y mi Señor!

Espíritu Santo,
por favor, lléname con el poder de Dios!
Para que yo crezca en fe
Y vea más de más a Jesús.
¡AMEN!

¿Cuál es el próximo paso?

¡Felicidades! ¡Ahora eres un hijo/hija de Dios! ¡Bienvenido a la familia de Dios!

Has tomado un nuevo camino con Jesús a tu lado. La Biblia lo explica como "nuevo nacimiento". Esto no tiene nada que ver con la "Reencarnación". No volverás a la tierra en ninguna forma de vida. Eres una nueva criatura del Espíritu de Dios. No externamente, sino espiritualmente, algo maravilloso ha sucedido.

„Por lo tanto, si alguno está en Cristo,
es una nueva creación.
¡Lo viejo ha pasado,
ha llegado ya lo nuevo! "
2 Corintios 5 : 17

Ahora estás en el equipo ganador. El poder del diablo se ha roto. No le des la mano otra vez. Él ya no tiene derecho a ti.

Ahora tu nueva vida en Jesucristo crecerá y se hará fuerte.

Así como un recién nacido necesita cuidado, protección y apoyo en el aprendizaje, también necesita en la fe. Necesitas gente que conozca y siga a Jesús. Que puedan mostrarte y explicarte cómo vivir y hablar con Jesús. Por cierto, esto se llama orar. No necesariamente oraciones preformuladas, sino con palabras libres, personales, lo que está en tu corazón.

Lean en la Biblia, es mejor empezar en el Nuevo Testamento, por ejemplo en el Evangelio de Juan, porque allí se describe a Jesús de una manera muy buena y lo que hizo y dijo. Puedes confiar en Él y en su palabra. Verás, es más emocionante de lo que piensas.

Necesitas una iglesia viva donde te sientas como en casa. Una iglesia con gente que ame a Jesús y esté entusiasmada con Él y que cuente lo que acaba de hacer otra vez.

Donde el Espíritu Santo sea libre de hacer milagros. Donde la gente cuente cómo Jesús intervino activa y sobrenaturalmente. Echa un vistazo a su sitio web para ver si puedes encontrar informes de curaciones, intervenciones de Dios, respuestas a la oración u otros milagros.
Si es así - eche un vistazo allí, si no - bien. Busca otro.

Busca una iglesia donde se rece por ti y por los demás, donde la curación, la liberación y la restauración sean normales. Donde puedas usar tus talentos y dones y crecer.
Hay más iglesias y grupos de lo que crees.

„Porque el reino de Dios
no es cuestión de palabras
sino de poder."
1 Corintios 4 : 20

„No les hablé (Apóstol Pablo)
ni les prediqué con palabras sabias y elocuentes
sino con demostración del poder del Espíritu,
para que la fe de ustedes
no dependiera de la sabiduría humana
sino del poder de Dios."
1 Corintios 2 : 4 + 5

Pablo recordó a los cristianos que la fe debe estar en la conexión visible entre la clara palabra de Dios y el poder operativo. No sólo palabras inteligentes sin demostración visible del poder de Dios. Si quieren hacerte creer que estas cosas ya no existen hoy en día o que la Palabra de Dios,

85

como está escrita en la Biblia, ya no puede ser vista de esta manera, ten cuidado con ellas. Ellos niegan el poder de Dios y no serías capaz de crecer y experimentar realmente a Jesús.

Sólo tienes que buscar en Google para tu ciudad. Escríbelo: "Jesús" - "Espíritu Santo" - "Curación" - "Milagro" .

Entonces echa un vistazo a sus sitios web, si hay vida en ellos. Ve y echa un vistazo y obtén una impresión del grupo y sus reuniones. Encontrarás la correcta. El Espíritu Santo te guía.

Pero por favor, busca una iglesia o un grupo. Es absolutamente necesario para la vida. La Biblia no conoce a ningún cristiano sin una iglesia. Esto sería la muerte espiritual y el comienzo de una gran confusión. Hay quienes piensan que no necesitan una iglesia viva. No los escuches.

Si alguna vez vienes a Bamberg/Alemania, estaré encantado de darte la bienvenida en el "Jesus Gemeinde Bamberg". (www.jesus-gemeinde.de)
Por favor, háblame y hazme saber que has leído mi libro.

¿Sabes que tu vida está ahora en manos y al cuidado de Jesús? Él ahora tiene tu permiso para arreglar las cosas en tu vida y ayudarte.

¡Ya verás!

Yo oro por ti y por cada lector de este libro.

¡Jesús te bendiga!

¿Por qué orar?

Lentamente, pero con seguridad, llegamos a la pregunta; ¿qué tiene que ver la oración con la policía?

Bueno, déjeme ponerlo de esta manera.

He descubierto que la oración cambia las cosas y hace que las cosas se muevan.
Pero quiero decir lo siguiente.

La oración es simplemente la conversación con Dios.

No necesariamente cosas pre-formuladas, sino con palabras libres lo que está en tu corazón y lo que te mueve, donde tienes preguntas o por lo que estás emocionado y agradecido. Al igual que un niño habla con su padre. Eso no viene con cosas pre-formuladas que han existido por 500 años y le habla así.
Hablar como te sientes ahora mismo, honestamente, lleno de confianza, escuchar, tomarse el tiempo para ello, pensar en ello, ...

La oración no es los "5 minutos al día" o antes de comer o de ir a la cama. (¡si es que lo es!) ¡Es el día entero! Incluso cuando experimento algo hermoso, le hablo y me alegro. Si no es tan hermoso, le digo a ÉL también. La oración es una conversación, una conversación sobre Dios, el mundo y tu vida. ÉL está a tu lado todo el tiempo, habla con Jesús como un buen amigo.

Dios no quiere ser sólo el parche. Quiere una relación contigo y conmigo, involucrarse en tu vida y en la mía. Quiere hablar con nosotros, a través de Su Palabra, la Biblia, o incluso en nuestros pensamientos.

Quiere darme ideas, soluciones, avisos si algo se pone en mi contra, está involucrado en mi vida. ¡ÉL es mi vida! ¡Mi única vida!

Cuando estoy de patrulla, ÉL está ahí. Cuando las cosas se ponen difíciles, ÉL es mi seguridad y mi paz, cuando no sé qué decir (debería pasar) ÉL me da los impulsos adecuados. He experimentado esto tan a menudo.

¿Qué les dices a los padres, a los que tienes que dejar claro que su hijo acaba de tirarse de un edificio alto y que ahora está tirado en el suelo?

Esta solía ser la tarea más difícil de la patrulla. No había capellanes de emergencia, ni equipo de intervención de crisis. Era todo tuyo, el policía solitario. Tampoco te enseñaron a hacerlo bien. Simplemente nos informaban por radio, para ir allí e informarles que había muerto en circunstancias especiales. ¡Mamma mia!

En el caso del rascacielos fue así: tocamos el timbre, era tarde en la noche, el hombre abrió. Le preguntamos si Juan era el hijo, "Si es así, tenemos algo que decirte". El hombre dijo que sí y le pedimos que entrara. La mujer también estaba allí.

Quiero decir, está bastante claro que cuando la policía llama de repente a altas horas de la noche y dice algo sobre el hijo, ese algo está pasando.

Esa fue la primera pregunta de la madre: "¿Está pasando algo con Juan? ¿Ha pasado algo? ¡Oh, Dios! ¡Pero no ha pasado nada!"

No hay mucha charla. No hay tiempo para la diplomacia conversacional. Ya sospechan lo correcto o lo peor de todos modos, pero esperan que no se haga realidad.

Así que respondiste gentilmente: "Lamentamos informarle que Juan ha muerto".

Baam... la bomba había explotado. Justo en medio de la vida de la familia, sus planes y sueños. Su felicidad, o quizás sus problemas, aunque estén bien escondidos.

El hombre se desplomó inmediatamente en el sofá con un ataque de llanto, el colega se ocupó de él, lo tomó en sus brazos sin decir una palabra y lo dejó llorar.

La mujer reaccionó de forma bastante diferente, se levantó de su silla, agarró la aspiradora y comenzó a aspirar la sala de estar cantando en voz alta. Siguió cantando: "¡Juan está bien, pronto estará en casa! Juan está bien, ¡volverá pronto a casa! ¡Tralla-la!"

Ok, si has hecho la entrega de las notificaciones de muerte unas cuantas veces, ya sabes lo que viene. La mujer está a punto de colapsar y caer. Así que me quedé a su lado y esperé. Parecía que iba a ayudarla a aspirar. Lo que acabo de ver con la mujer fue una reacción de shock muy frecuente, una represión, una función de filtro psicológico o psíquico para dejar que lo que acaba de oír se filtre lentamente en la conciencia.

Después de unos cinco minutos dejó caer la aspiradora sin decir una palabra y comenzó a caerse. Pero yo estaba allí y la atrapé. La puse en el sofá con su marido, lloró amargamente.

Después de unos minutos se calmaron un poco.
Oré en silencio y le pregunté a Dios qué debía hacer. ÉL me dio un pensamiento y lo puse en acción.

Les hablé a ambos sobre la paz de Dios que ÉL quiere dar y les pregunté si podía orar por ellos. Me permitieron hacerlo. Los rodeé con mis brazos y le pedí a Dios que viniera con su paz a consolar a esta gente. Y de hecho... cambiaron. Se volvieron más y más tranquilos, la atmósfera de la habitación había cambiado. Se había vuelto más brillante y más pacífica. Después de un corto tiempo pudimos hablar de lo que había sucedido y discutir todos los pasos a seguir. Seguimos informando a los amigos de ellos y esperamos a que vinieran y se ocuparan de los padres de Juan.

La oración había apaciguado la situación.

A menudo me pasaba algo parecido. A través de la oración obtuve la sabiduría y las ideas en situaciones de crisis sobre lo que debería decir y hacer.

¿Recuerda el principio del libro, el criminal armado? La situación también se aclaró con la oración.

Una y otra vez noté que la oración me ayudaba en mi trabajo. Pude manejar casos complicados, descubrí crímenes que otros no descubrieron fácilmente, cosas "extrañas" sucedieron para mi beneficio en mi trabajo.

Una vez, por ejemplo, un hombre entró en el departamento donde yo estaba de servicio. Dijo: "Quiero entregarme, soy un ladrón de coches, el coche robado está fuera".
¡Eso fue un bam! Al principio pensé que no podía oír bien o que me estaba tomando el pelo.

Pero delante de la comisaría el coche estaba realmente allí y el coche fue robado, anunciado para una caza del hombre, el tipo también. Así que lo arresté oficialmente, bueno, ya estaba en la estación, pero todo debe ser correcto. Entonces el hombre me dijo que en realidad estaba en camino a Berlín (la capital de Alemania, a 400 kilómetros de Bamberg). Ya llevaba horas conduciendo cuando, poco antes de Bamberg, le vino el pensamiento urgente, como una voz interior: "Ve a la policía de Bamberg y entrégate". Al final lo hizo, se salió

90

de la autopista y se dirigió a mí en la estación de policía. Podría haberse entregado en cualquier otra comisaría en su largo viaje, que estaba justo al lado de la autopista o algo así.

Pero no, a Bamberg... ¡a mí!

Lo entregué a la comisión especial del Departamento de Investigación Criminal (CID) para su procesamiento. Como descubrí más tarde, este no fue su primer coche robado; él limpió el aire con mis colegas del CID y confesó todo lo que había hecho.

¡Vaya! ¿No es genial?

Se me ocurrió que había rezado por un trabajo exitoso ese día como de costumbre. Y eso es lo que fue - un gran éxito.

Más y más experiencias como estas me hicieron pensar más en la conexión entre la oración y el trabajo policial.

Planea para orar más por tus "cosas", espera una solución de Jesús. ¡Puedes esperar eso! Escríbelo y ponle fecha. Y luego agregue la fecha de finalización.

Es todo una cuestión de autoridad

Quiero decir, orar lo hacía desde la infancia. Como me enseñaron. Me dirigí todo a Dios y esperaba que él escuchara algo de eso. Era feliz cuando algo se hacía realidad.

Yo el suplicante - Él el Dios soberano, que hace lo que quiere sin ser visto en las cartas.

Así que crecí y escuché una y otra vez que uno no debe dictar o exigir nada a Dios. Sin embargo, podías confiar en ÉL, y lo hice porque sabía que era bueno todo el tiempo.

Pero a través de la llenura del Espíritu Santo (el bautismo en el Espíritu Santo) que obtuve, fue alrededor de 1985 - 1986, me abrió un acceso diferente a la Palabra de Dios.

Mucho más profundo, mucho más específico. Se me revelaron más y más conexiones, pasajes de la Biblia que antes no entendía, de repente eran tan claros como el día. Había sido un cristiano consciente desde 1970, pero el bautismo en el Espíritu Santo marcó una gran diferencia.

Si ya eres cristiano, pero aún no has experimentado este bautismo en el Espíritu Santo, déjame aconsejarte: Deja que Dios te lo dé. Notará la diferencia, comenzará a hablar en lenguas que usted mismo no entiende, que vienen directamente de Dios y mucho más.
Es una experiencia mega fuerte. No te lo pierdas.

Sé que con este punto me enfrento a la oposición y los argumentos contrarios, especialmente de algunas personas. Pero lo siento, no me importa eso. No discuto doctrinas, eso no lleva a ninguna parte. Sólo se necesita tiempo, energía y después de eso nadie es más feliz. Todo el mundo puede creer en lo que ve. Eso también está completamente bien para mí.

Tal vez algunas cosas son incomprensibles - pero está bien.

He experimentado personalmente la diferencia, Jesús me convenció por su palabra y su Espíritu Santo.
Se lo digo con total convicción y pasión: Es una gran diferencia que catapulta tu fe hacia adelante y hacia arriba. ¡No la daré por nada del mundo! Ha cambiado toda mi vida. ¡Sí!

Mi tiempo y atención está dedicada a aquellos que quieren conocer a Jesús, crecer en la fe y ver y experimentar la gloriosa y milagrosa dimensión de Jesús. ¡La Biblia está llena de esto!

Volvamos a la oración.
A través del Espíritu Santo, de repente me di cuenta de muchas cosas. ÉL es el Espíritu de la Revelación.

Soy un hijo de Dios.
El Dios todopoderoso es mi Padre en el cielo.
Él es el REY DE REYES.
Yo pertenezco a SU familia.
Soy un príncipe, a su imagen y semejanza.
(Está claro para todos,
Los hijos del rey son príncipes y princesas)
Tengo la confianza de mi Padre en el Cielo.
Soy su embajador, su representante.
He recibido la autoridad para llevar a cabo SU misión.
Los recursos del Cielo me están esperando,
y muchas más revelaciones...

Empecé a lidiar con este conocimiento y lo busqué en la Biblia. ¡Quería, tenía que saber!

Aquí están algunas de las escrituras bíblicas que llevaron mi comprensión y crecimiento espiritual a la cima.

94

„Mas a cuantos lo recibieron,
a los que creen en su nombre,
les dio el derecho de ser hijos de Dios. "
Juan 1 : 12
(una de mis escrituras favoritas, ya te has dado cuenta, ¿verdad?)

„Así que somos embajadores de Cristo,
como si Dios los exhortara a ustedes
por medio de nosotros:
«En nombre de Cristo
les rogamos que se reconcilien con Dios.» "
2 Corintios 5 : 20

„Reunió a sus doce discípulos
y les dio autoridad
para expulsar a los espíritus malignos
y sanar toda enfermedad y toda dolencia. "
Mateo 10 : 1

„Dondequiera que vayan,
prediquen este mensaje:
"El reino de los cielos está cerca."
Sanen a los enfermos, resuciten a los muertos,
limpien de su enfermedad a los que tienen lepra,
expulsen a los demonios.
Lo que ustedes recibieron gratis, denlo gratuitamente. "
Mateo 10 : 7 + 8

(Otras escrituras bíblicas muestran que otros discípulos de Jesús también
recibieron esta autoridad, no sólo los doce apóstoles.
Por ejemplo, Lucas 10: 1)

(Jesús) "Les aseguro
que todo lo que ustedes aten en la tierra
quedará atado en el cielo,
y todo lo que desaten en la tierra
quedará desatado en el cielo. "
Mateo 18 : 18

¡WOW!

El versículo de la Biblia de Mateo 10, como los otros, quiere ser tomado personalmente. Si lo tomo personalmente para mí, resulta en mi traducción personal extendida (entre paréntesis), que dice lo siguiente:
(Siéntase libre de poner su nombre en el versículo como yo, ¡pero sólo si usted es un cristiano!)

"Y ÉL (Jesús) llamó a Günther
y (Jesús) le dio a Günther poder sobre los espíritus inmundos,
que él (Günther) los expulsó
y curar todas las enfermedades y todas las dolencias".
Vaya... ¡qué mandato! ¡Qué confianza!

("Jesús se lo dice a Günther personalmente")
Pero ve, predica y habla:
(en mi nombre, por mí)
(Y Günther habla:)
El reino de los cielos está cerca.
(Y Günther...) ...Haz que los enfermos se recuperen,
despierta a los muertos,
limpiar leprosos,
expulsar demonios.
Fue dado libremente (a Günther)
así que se lo dio libremente al pueblo!"

96

Es una crema de primera clase, ¿no? Durante mucho tiempo no había entendido cómo debía ser. No había implementado mucho del versículo 10 de Mateo. ¡Uy!

La autoridad para actuar y la orden eran inútiles, inadvertidas y por lo tanto ineficaces. Y este es exactamente el problema en el cristianismo de hoy en día.

Hoy en día lo veo en todos los lugares donde vamos. Y viajamos mucho. A algunas naciones y a diferentes iglesias. Y en todas partes el mismo problema.

Hoy en día hay tantas predicaciones sociales, políticas y ecológicas en las iglesias, que los cristianos olvidamos cuál es nuestra tarea principal.

¡Mateo 10!

Hemos distorsionado o incluso perdido el enfoque.

Hemos puesto el mensaje principal del evangelio al final de la lista y así consciente o inconscientemente declaramos que no es tan importante.

Hemos convertido el titular en letra pequeña y estamos sorprendidos por el resultado...

Nos sorprende que la gente ya no esté interesada en la fe.

Claro que los otros temas también son importantes y deben ser abordados, pero primero el evangelio de Jesús y la salvación debe ser predicado y demostrado.
Eso es bastante obvio. Esto no es teórico, ni figurativo, ni en ningún sentido.

¡Dios dice lo que quiere decir y quiere decir lo que dice!

Él define claramente cuál es su voluntad y su parte, y define claramente lo que confía a sus hijos, esperando que conozcan y hagan la voluntad del Padre.

¿Claro? ¡Claro! ☺!

Aquí puede escribir qué tipo de sermón traen las iglesias y congregaciones en Navidad y Pascua, Pentecostés u otros días especiales. Busque en el periódico o en las noticias. Le deseo que no se sorprenda demasiado.

La serie de accidentes se paró ...
... y evitó más accidentes.

Una de las primeras experiencias con la Autoridad fue una prolongada serie de accidentes de tráfico. De repente se agitó una y otra vez. Lesiones, extensos daños a la propiedad, una enorme cantidad de papeleo para nosotros.

Ya está claro que los accidentes ocurren una y otra vez, debido a circunstancias especiales, a la falta de cuidado, pero a menudo también debido al descuido y la desconsideración de los conductores.

Las consecuencias son graves. Casi todos los involucrados están en una situación de emergencia. Por las razones más extrañas.

Había visto a una mujer de pie junto a su coche demolido, llorando mucho y sollozando. Ni siquiera era responsable del accidente, pero el coche pertenecía a su marido, era su santuario. Ella seguía diciendo, totalmente sorprendida, "Me matará, me matará, he estrellado su coche".

Todas las discusiones no ayudaban, como si: "No tienes la culpa", "No es tu culpa, no puedes evitarlo, el otro tipo se topó contigo" o algo similar. No se podía calmar. Sólo cuando le dijimos que iríamos a casa con ella para hablar con el hombre y protegerla, se calmó un poco. Entonces, en realidad, condujimos a casa con ella y tuvimos que calmar a un marido furioso que estaba enfadado con su esposa porque ella había aplastado su "vaca sagrada". ¡Mamma mia!

Otro, un joven, causó un enorme choque por exceso de velocidad, con heridos y grandes daños materiales.

99

En lugar de atender a los heridos, se paró junto a su tazón de hojalata y acarició la laca destrozada una y otra vez. "¡El barniz! ¡El barniz! ¡Es una laca especial! ¡Qué desastre!"

Una vez más, todos los argumentos y explicaciones razonables no sirvieron de nada. Realmente tuvimos que sacudirlo para sacarlo de su condición.

Estos fueron dos ejemplos extremos, pero todos los demás involucrados también se enfrentan de repente a las consecuencias.

Consecuencias de carácter económico, de carácter físico-sanitario, consecuencias legales, movilidad reducida, etc.

Así que es mejor que los accidentes no ocurran en absoluto.

Pero como he dicho, estaban chocando y chocando.

Fue impactante. Incluso los colegas se dieron cuenta. "Es como un gafe" y "Eso no es normal" fueron sus fuertes declaraciones.

Y me di cuenta de que esto era otro desafío para mí. Un hombre para casos especiales. Y Dios me mostró que debería hacer algo aquí.

Fe en la acción, fe con la comprensión de la autoridad que había recibido los últimos meses.

Y entonces empecé a hablar en contra de las razones.

"En el nombre de Jesús,
Yo ato las fuerzas destructivas
y yo mando el final de la serie de accidentes!"

100

Mi fundamento fue la Palabra de Dios y la revelación de que tenía la comisión de Dios de hacer algo positivo aquí en la tierra y no simplemente aceptar las obras de la oscuridad.

Permítanme citar aquí algunos pequeños pasajes de mi libro "Hechos 29", que escribí en relación con la autoridad y las curaciones y liberaciones. Me parece que no han cambiado, son significativos y también encajan perfectamente con la policía. He añadido algunas líneas nuevas.

(comienzo del extracto del libro modificado)
Jesús me mostró algunos pasajes de la Biblia que tenían que ver con el "hablar" y con la comprensión de la autoridad en la fe.
Ok - la comprensión de la autoridad no era extraña para mí debido a mi formación profesional como policía y la experiencia profesional relacionada.

Cuando estaba en uniforme, le di a un camión de 40 toneladas una señal de alto, y siguió la señal.
No porque sea tan alto o aterrador, ni tan bello o lo que sea, simplemente se detuvo porque había aprendido a respetar los rasgos distintivos y las señales de autoridad. (uh - ¡normalmente!) Por ejemplo, él ve mi uniforme, mi gorra de uniforme, mi coche patrulla ...

Incluso hay una escritura bíblica que lo describe exactamente de la misma manera:

,,Al entrar Jesús en Capernaúm,
se le acercó un centurión pidiendo ayuda.
Señor, mi siervo está postrado en casa con parálisis,
y sufre terriblemente.
Iré a sanarlo, respondió Jesús.
Señor, no merezco que entres bajo mi techo.
Pero basta con que digas una sola palabra,
y mi siervo quedará sano.

101

Porque yo mismo soy un hombre sujeto
a órdenes superiores,
y además tengo soldados bajo mi autoridad.
Le digo a uno: "Ve", y va,
y al otro: "Ven", y viene.
Le digo a mi siervo: "Haz esto", y lo hace.
Al oír esto, Jesús se asombró y dijo a quienes lo seguían:
Les aseguro que no he encontrado en Israel
a nadie que tenga tanta fe."
Mateo 8 : 5 – 10

„Luego Jesús le dijo al centurión:
¡Ve! Todo se hará tal como creíste.
Y en esa misma hora aquel siervo quedó sanó."
Mateo 8 : 13

Wow - Lo tengo. De repente encontré más escrituras y entendí la combinación.

„Cuando Jesús salió de la sinagoga,
se fue a casa de Simón,
cuya suegra estaba enferma con una fiebre muy alta.
Le pidieron a Jesús que la ayudara,
así que se inclinó sobre ella y reprendió a la fiebre,
la cual se le quitó.
Ella se levantó en seguida y se puso a servirles."
Lucas 4 : 38 – 39

„Les aseguro que si alguno le dice a este monte:
"Quítate de ahí y tírate al mar",
creyendo, sin abrigar la menor duda de que lo que dice
sucederá, lo obtendrá."
Marcos 11 : 23

(final del extracto del libro)

102

(Continuación de otro extracto del libro)

La Palabra de Dios es absolutamente verdadera y confiable. Es poderosa y poderosa para superar todo. Existirá por toda la eternidad. Estará todavía en la autoridad cuando las palabras de los sabios, las palabras de los fundadores de cualquier religión u otros ya no sean válidas. ¿Por qué es así?

¡Porque el mismo Jesús es la Palabra de Dios!
(final del extracto del libro)

„En el principio ya existía el Verbo,
y el Verbo estaba con Dios, y el Verbo era Dios. ..."

„... Y el Verbo se hizo hombre y habitó entre nosotros.
Y hemos contemplado su gloria,
la gloria que corresponde al Hijo unigénito del Padre,
lleno de gracia y de verdad. "
Juan 1 : 1 + 14

„Luego vi el cielo abierto,
y apareció un caballo blanco.
Su jinete se llama Fiel y Verdadero.
Con justicia dicta sentencia y hace la guerra.
Sus ojos resplandecen como llamas de fuego,
y muchas diademas ciñen su cabeza.
Lleva escrito un nombre que nadie conoce sino sólo él.
Está vestido de un manto teñido en sangre,
*y su nombre es «**el Verbo de Dios**».*
Lo siguen los ejércitos del cielo,
montados en caballos blancos
y vestidos de lino fino, blanco y limpio.
De su boca sale una espada afilada,
con la que herirá a las naciones.
«Las gobernará con puño de hierro.»
Él mismo exprime uvas en el lagar del furor del castigo

que viene de Dios Todopoderoso.
En su manto y sobre el muslo lleva escrito este nombre:
Rey de reyes y Señor de señores. "
Apocalipsis 19 : 11 - 16
(Una descripción de Jesús en el libro del Apocalipsis)

(Continuación del extracto del libro)

Puedes teorizarlo, romperlo, llamarlo falso, cuestionarlo, complicarlo y cualquier otra cosa que sepa. No cambiará la verdad. Jesús fue y es la Palabra de Dios y siempre lo será. Por eso puedes confiar en la Biblia.

He decidido confiar plenamente en la Palabra de Dios, incluso si no entiendo algunas cosas, no puedo responder algunas preguntas o la gente viene con argumentos que suenan bien y correctos, pero
son contrarias a la Palabra de Dios.
Mi condición mental no decide sobre la veracidad de la Palabra de Dios.

(final del extracto del libro)

(Continuación del extracto del libro)
El caso es que yo había entendido lo que la Palabra de Dios explica explícitamente.

Recibí la autoridad de Jesús para actuar en su nombre.

Esto significa que sé lo que Jesús quiere, los recursos disponibles y lo que puedo y no puedo hacer.
Eso es comprensión de la autoridad y la fe. Tomando a Dios en su palabra, porque Él lo dijo y lo quiso decir.
Actúo como representante en el nombre y el poder de quién me ha elegido, comisionado y equipado.

Me gustaría ilustrarlo con mi profesión de policía:
El Estado me ha contratado y entrenado para asegurar la ley y

104

el orden en su nombre. Gasta mucho dinero y tiempo para entrenarme bien antes de que me liberen en las calles. Consigo una tarjeta de identificación de la policía que me legitima y me identifica como un oficial autorizado dentro de la ley. El estado me proporciona todo lo que necesito hacer. Uniforme, pistola, coche patrulla, ordenador, papel, mi salario, entrenamiento, etc.

Siempre que actúe dentro de la autorización, el estado me respalda plenamente y también me representa legalmente a mí y a mis acciones. Me protege.

¿De acuerdo? ¿Entendido? ¡Síiiiiiiiii!

Sin embargo, sería un malentendido si, por ejemplo, en el caso de un simple coche mal aparcado, llamara al Ministro del Interior y le pidiera que le pusiera una multa al conductor descarado. El Ministro del Interior (probablemente muy entusiasta) me respondería: "Ese es tu trabajo, te he autorizado para eso".
Lo mismo ocurre con la fe.
Jesús nos autorizó a hacer cosas en su nombre. Para hablar de los problemas y enfermedades para cambiarla.
(final del extracto del libro)

Así que de esta manera... ¡hablen al problema!

"En el nombre de Jesús,
Yo ato las fuerzas destructivas
y comandar el final de la serie de accidentes!"

¿Y qué crees que pasó? ¡Ha habido más accidentes!

No puedo creerlo. No me esperaba esto. Pensé que funcionaría.

Entonces me di cuenta de que tenía algunos pensamientos muy extraños.

"¡Deja de orar así, o se pondrá peor!"

¡Ya veo! Así que ahí es donde el perro fue enterrado. Así que ahí es donde el viento sopló. Alguien quiso confundirme, arrebatarme las tripas, desanimarme (puedes adivinar 3 veces de donde vino).

Le recé a Jesús y le pregunté qué estaba pasando. Él también me dio rápidamente una respuesta.

Con esta oración, o mandato, ataqué un bastión del diablo. Y eso no le gustó. Sabía que, si actuaba de acuerdo con la Palabra de Dios y creía en consecuencia, no tendría ninguna oportunidad, tendría que abandonar el campo.

Jesús me animó a seguir mandando y exigiendo el fin de la serie. Era como la famosa lucha de brazos ("pulso"):

Presiona - mantente en contra - aumenta tu propia presión - no te rindas - no dejes que se vuelva loco - y gana, ¡golpea al otro sobre la mesa! ¡Sí, señor!

Así que seguí ordenando, a pesar de que el número de accidentes aumentaba y los accidentes empeoraban.

Y entonces, después de una o dos semanas, los accidentes pararon de repente. Como si se hubieran cortado. Nada más. No más choques en los guardabarros. Lo tenía en la mesa.

Y no te detengas ahora, por supuesto. Sigue adelante. ¡Mantengan el campo!

Así que recé por la paz y la tranquilidad en mi departamento.

En los otros departamentos que me rodeaban se agitaba, los colegas tenían mucho trabajo. Cuando yo estaba de servicio, era comparativamente tranquilo en nuestra sección. Incluso los colegas y los empleados lo notaron en algún momento.

106

Un día volví de vacaciones y fui recibido por un empleado. "Gracias a Dios, Günther que has vuelto. Ahora estará tranquilo otra vez. Siempre es más tranquilo cuando estás aquí."

Así es, en las vacaciones me olvidé de rezar por mi departamento. Qué descuidado soy. Se dieron cuenta enseguida. La carga de trabajo aumentó inmediatamente. ...pero ahora estaba bajando de nuevo.

Pero también me llamó la atención que había una diferencia entre rezar y mandar, usar la autoridad o no.

Sería una mentira decir que no volvió a pasar nada. Pero me di cuenta de que sucedía menos, que las series estaban terminadas, que había menos trabajo.
No sé por qué no siempre tuvo el "éxito" que yo quería, no lo sé todavía. Creo que es bastante complejo. Pero fue un comienzo notable y lo usé tan a menudo como me fue posible.

En cualquier caso, esto ya ha sido una acción exitosa para limpiar las estadísticas de accidentes. Genial.

Pero debo admitir honestamente que a menudo simplemente me olvidé de hacerlo. De alguna manera el Sr. Dark se las arregló una y otra vez para robar este procedimiento de oración/orden de mi pantalla.

Lo siento - Jesús y la gente de ahí fuera, y por supuesto lo siento por el trabajo que lo acompañó.

Póngalo a prueba. Cuando leas sobre una "serie" en tu periódico, accidentes, robos, etc., empieza a creer, orar, ordenar. Escribe aquí cuando empieces y cuando veas un cambio. ¡Se sorprenderá!

"Puente de la Muerte" ...
... se convierte en un puente normal

Estábamos en un viaje misionero a Brasil hace unos años y un pastor amigo nuestro de allí nos dijo que tienen un puente alto cerca de su ciudad donde gente de toda la región viene y se lanza a la muerte desde el puente.

Hablamos de ello y le pregunté qué haría él o su iglesia al respecto.

"Bueno, nada, ¿qué vais a hacer al respecto? Así son las cosas."

Nos dimos cuenta de que él y su iglesia (y muchas iglesias que habíamos conocido en todo el mundo) no tenían idea de la oración poderosa a través de la autoridad y el mandar / hablar.
Lo discutimos con él de una manera similar a la que se describe aquí en el libro. Los "candelabros" se abrieron para él. Él había entendido.

Condujimos hasta el puente y juntos ordenamos a este espíritu de muerte que dejara el lugar y saliera de la región.

Animamos a nuestro amigo a enseñar su iglesia y a no dejar de practicarla.

Después de unas semanas, cuando regresamos a casa, nos escribió un mensaje de que los suicidios habían parado inesperadamente. Ni uno más. Una serie de años habían llegado a su fin.

¡Toda la gloria a Jesús por la eficacia de su palabra!

¿Coincidencia?

Bueno, es interesante lo que la gente cree. En la vida, creen que están totalmente orientados a la cabeza, obsesionados con la ciencia y todas esas cosas. Creen en la causalidad y el efecto, y "si no hay nada, entonces no hay nada".
Y luego me dicen que se detienen sin razón.
¿No es eso descarado? Vamos...

Entonces les digo primero, sólo por diversión, que también creo que es una coincidencia. Al principio los irritó un poco, pero luego dejo salir al gato de la bolsa.
Cuanto más oraba por estas cosas, más coincidencias se producían. ¿No es extraño, o debería decir "coincidencia"?
Si no oro, estas coincidencias no suceden. Así que oro / ordeno y espero la coincidencia.

La otra pregunta es la definición de "coincidencia".
Si le preguntas a Wikipedia (estado 21.03.2018) hay muchas definiciones de diferentes áreas con diferentes enfoques.

Una definición bastante general en todo el conjunto es:
"Coincidencia" es cuando no se puede dar una explicación causal para un solo evento o la combinación de varios eventos. Las explicaciones causales de los eventos son principalmente leyes generales o intenciones de personas que actúan. La explicación de la coincidencia es, pues, precisamente la renuncia a una explicación (causal)".

Así fue: "Donde no hay nada, no hay nada". ¿O no? Simplemente no hay explicación. Es interesante que los científicos de todas las tendencias estén de acuerdo en no tener una explicación para todo. Muchas tesis, documentos técnicos, teorías, etc. son sólo intentos de explicación. Así que la teoría de la evolución es también sólo un intento de explicación no probado, aunque se nos vende como un hecho probado. Esto no es cierto. Es el intento convulsivo de quien

110

niega a Dios explicar la creación sin el Creador. Un intento interminable, incompleto, inútil y en realidad estúpido.

Si funcionara así, podrías lanzar media tonelada de diferentes metales, plásticos, goma y pintura al espacio (suponiendo que la materia ya existiera) y luego esperar unos pocos millones de años y se desarrollaría por sí misma, según Darwin, un Mercedes, 450 SL en rojo metálico con todas las campanas y silbatos - con WiFi!!!!
A partir de los diferentes metales se crea una aleación por sí misma, a partir de un trozo de cobre - por sí misma, por supuesto - las fibras de alambre más finas para los cables, ...
De acuerdo... ¿de acuerdo?

Así que sólo porque alguien haga un intento de explicación y quiera probar que también funciona sin el Creador, o no tenga ninguna explicación, no significa que alguien en el fondo no tenga el control, tirando de los hilos. Que no hay una realidad espiritual detrás de nuestra existencia terrenal.

El Dios de la Biblia, el Padre de nuestro Señor Jesucristo, es el Creador de todas las cosas. Él es el gran ingeniero, el inventor más brillante e imaginativo que el universo haya visto jamás...
...y nunca lo verá.

„Dios, en el principio,
creó los cielos y la tierra. ...

... Y dijo Dios:
«¡Que haya luces en el firmamento
que separen el día de la noche;
que sirvan como señales de las estaciones,
de los días y de los años,
y que brillen en el firmamento para iluminar la tierra!»
Y sucedió así.
Dios hizo los dos grandes astros:
el astro mayor para gobernar el día,
y el menor para gobernar la noche.
También hizo las estrellas.
Dios colocó en el firmamento los astros
para alumbrar la tierra.
Los hizo para gobernar el día y la noche,
y para separar la luz de las tinieblas.
Y Dios consideró que esto era bueno.
Y vino la noche, y llegó la mañana:
ése fue el cuarto día. "
Génesis 1 : 1 + 14 - 19

„Cambiaron la verdad de Dios por la mentira,
adorando y sirviendo a los seres creados
antes que al Creador,
quien es bendito por siempre. Amén. "
Romanos 1 : 25

«¿Con quién, entonces, me compararán ustedes?
¿Quién es igual a mí?», dice el Santo.
Alcen los ojos y miren a los cielos:
¿Quién ha creado todo esto?
El que ordena la **multitud de estrellas** una por una,
y llama a cada una por su nombre.
¡Es tan grande su poder,
y tan poderosa su fuerza,
que no falta ninguna de ellas!
Isaías 40 : 25 + 26

Una traducción alemana sólo llama a las estrellas en estos versos
"El Ejército".

Pero no se trata de soldados. Se trata del universo.

Permítanme confrontarlos con algunos números científicos, marearlos, desafiarlos y señalar la grandeza y el genio de Dios, el Creador de Estrellas, entre otros. Cuando los leí de forma tan compacta, me quedé callado de asombro y agradecido. Me hizo darme cuenta de nuevo del gran Padre que tengo en el cielo.

El hombre necesita alguna unidad de medida para definir y expresar de algún modo sus investigaciones y descubrimientos. Así que se calculó el llamado "año luz" y se fijó su longitud.

Es decir, la distancia en kilómetros que recorre la luz en un periodo de un año. Hasta ahora todo va bien: ¡el resultado es gigantesco!

Unos 9,5 billones de kilómetros.
Para ser exactos (aquí tienes):
9,460,730,472,580.8 kilometers...

Ni siquiera se corre eso en un talón. ¡Eso no es justo después de Bamberg → a la izquierda!

¡Eso es una proclamación! ¡Una distancia tremenda!
¡El principio de las dimensiones de Dios!
La dinamita que hace volar nuestra imaginación.

Bien, ¡sigue adelante!

Vivimos en la Tierra, (¿lógico? → ¡lógico!)
dentro de la Vía Láctea. Así se llama nuestra galaxia.
Necesita un nombre, después de todo, para que el cartero
sepa a dónde ir. ¡La Vía Láctea!

Un montón de estrellas, una cierta extensión espacial
→ de hecho, la Vía Láctea tiene un diámetro de aprox.

(¡toma nota!)
100.000 años luz
=
950.000 trillones de kilómetros

Tan manejable, más bien una pequeña aldea galáctica. Nada especial.

El siguiente "pueblo vecino" - perdón - galaxia vecina, se llama "Andrómeda". ¡Ya sabes, por el cartero y todo eso!

Está a unos pocos kilómetros de la frontera de nuestra galaxia, un mísero y apenas significativo

2,3 millones de años luz.

No sé si tu calculadora sigue funcionando, con tantos números seguidos.

Pero no te rindas. Quédate conmigo. Agárrate a mí. ¡Comprueba tu cinturón de seguridad! Estamos en el transbordador espacial. "La Guerra de las Galaxias" y "la Nave Estelar Enterprise" dicen "Hola".

Hasta ahora tenemos "Vía Láctea" y "Andrómeda", y ahora estamos una explosión.

Hasta ahora, nuestros buenos y motivados científicos han descubierto

100 mil millones de galaxias.

Descubierto, cartografiado, fotografiado, con nombres y números, abreviaturas determinadas y asignadas para que el cartero pueda introducirlo en su navegador por satélite.
La tendencia es al alza, porque también han descubierto que el universo sigue expandiéndose.

¡WOOOOW!
¡Oooh - mi - DIOS!

Y cada una de las 100 mil millones de galaxias tiene

¡100.000 millones de estrellas!

Ahora es el momento de cantar la vieja y conocida canción infantil:
"¿Sabes cuántas estrellas hay en el cielo?"...

Y lo bueno es que ahora lo sabes de verdad. Puedes presumir, hacerte el listo o simplemente asombrarte y alabar a Dios.

Son órdenes de magnitud en los que nuestros cerebros se disparan, al menos la mayoría. Me quito el sombrero ante los astrónomos que aún pueden hacerlo.

Y dar testimonio científico de lo grande que es Dios. ¡Qué ingenioso!

Nos hacemos una idea cuidadosa y lenta de lo que significa la "eternidad". "Dios todopoderoso", "sin límites" y otras afirmaciones de la Biblia sobre Dios, su reino y sus dimensiones.

Eso es de paso, para que sepas en quién crees tú también, y mejor que creas.

Y con eso de vuelta a la tierra, a la palabra de Dios una vez más, para la conclusión y el recordatorio de coronación:

«¿Con quién, entonces, me compararán ustedes?
¿Quién es igual a mí?», dice el Santo.
Alcen los ojos y miren a los cielos:
¿Quién ha creado todo esto?
El que ordena la **multitud de estrellas** una por una,
y llama a cada una por su nombre.
¡Es tan grande su poder,
y tan poderosa su fuerza,
que no falta ninguna de ellas!
Isaías 40 : 25 + 26

¡Chico, oh chico! ¡Qué Dios! ¡Qué Majestad! ¡Qué Creador! ¡Qué poder y soberanía!
¡Que conoce todas las estrellas por su nombre y las llama a su paso, y también ha contado cada pelo de su cabeza!

No estamos hablando de un "Yo Quiero", o "Sr. Importante". Estamos hablando del Rey de todos los reyes, el Señor de todos los señores, el creador de todas las cosas, aunque algún "Yo Quiero" aquí en la tierra se tape los oídos. No quieren oírlo porque les está arañando su visión del mundo.
No cambiará nada -¡¡Dios es el creador!!!!!!

116

ÉL, que tiene todo el cuadro y siempre lo tendrá, que conoce las conexiones y ama al hombre, la corona de la creación, infinitamente. Él ha demostrado esto, que él, después de la caída de Adán y Eva, ideó su Plan Maestro de Salvación y llevó a Jesús a la "carrera."

¡Gracias a Dios por esto!

„»Porque tanto amó Dios al mundo,
que dio a su Hijo unigénito,
para que todo el que cree en él no se pierda,
sino que tenga vida eterna.
Dios no envió a su Hijo al mundo
para condenar al mundo,
sino para salvarlo por medio de él.
El que cree en él no es condenado,
pero el que no cree ya está condenado
por no haber creído en el nombre del Hijo unigénito de Dios.
(=JESUCRISTO)"
Juan 3 : 16 – 18

„... en estos días finales
nos ha hablado por medio de su Hijo.
A éste lo designó heredero de todo,
y por medio de él hizo el universo.
El Hijo es el resplandor de la gloria de Dios,
la fiel imagen de lo que él es,
y el que sostiene todas las cosas
con su palabra poderosa.
Después de llevar a cabo la purificación de los pecados,
se sentó a la derecha de la Majestad en las alturas."
Hebreos 1 : 2 + 3

„Cuando contemplo tus cielos, obra de tus dedos,
la luna y las estrellas que allí fijaste, ..."
Salmos 8 : 3

El Dios de la Biblia es mi Padre en el cielo, que me ama y se
preocupa por mí. Que me escucha. Que me conoce a fondo.
Esto es tranquilizador porque me doy cuenta de que no puedo
engañarlo y no tengo que darle un espectáculo.
Qué tranquilizador.

A menudo intentamos con toda nuestra fuerza y esfuerzo mantener nuestra fachada. Puede funcionar frente a la gente, pero no frente a Dios. Podemos engañar o impresionar a la gente, pero no a Dios.

¡Gracias a Dios!

„Pero el Señor le dijo a Samuel:
No te dejes impresionar por su apariencia
ni por su estatura,
pues yo lo he rechazado.
La gente se fija en las apariencias,
pero yo me fijo en el corazón."
1 Samuel 16 : 7

Y cuando oro, "las cosas se me caen encima".
Así que "coincidencia" por la oración.
"Cayendo a mí" por Dios!

" Coincidencia" debido al ejercicio de la autoridad en la fe, según la palabra de Dios y en su nombre.

Esta es mi explicación basada en la fe, la palabra de Dios, mi experiencia en estas cosas.

¡Y tendré mucha más "coincidencia"!

Aquí puedes escribir tus "coincidencias de oración".

El borracho "combatiente de cuchillos" desarmado

Otro ejemplo es una experiencia que tuve una vez en mi turno de noche. Tuvimos un gran festival de cerveza en el área de servicio en ese momento, con los habituales efectos secundarios. Peleas, daños a la propiedad y una gran cantidad de borrachos.

Nos ordenaron en nuestra patrulla ir allí, un borracho amenazando a los visitantes del festival con un cuchillo. Condujimos con varias patrullas de diferentes lados porque se sabía el lugar donde estaba.

A nuestra llegada nos acercamos al mismo tiempo al lugar del incidente con una comunicación por radio apropiada. El borracho "aspirante a Rambo" se paró sobre un trozo de hierba con un gran cuchillo en la mano y gritó una y otra vez en voz alta: "¡Ven aquí, te mataré!

Alrededor de él, en un amplio círculo, una multitud de morbosos se había reunido como de costumbre. El borracho se puso en medio del círculo de gente, gritando fuertemente y agitando su cuchillo.

Teníamos que asegurarnos de tener la situación bajo control antes de que se intensificara.
El punto crítico en estos casos es siempre cuando el "alborotador", (el nombre se le da a la persona que inicia la acción policial, porque "perturba" la seguridad y el orden público y crea problemas,) ve a la policía.

En este caso la policía es el enemigo que quiere hacerle daño.

Así que una patrulla de dos hombres se acercó por el frente, abiertamente visible, acercamiento directo, por la ley.

Nos acercamos cuidadosamente por detrás, ocultos, para poder iniciar un ataque sorpresa si fuera necesario.

"¡Esta es la policía!
¡Suelte el cuchillo!
¡No se resista!

Primera dirección directa, clara y ofensiva.

El hombre reacciona como se esperaba, apunta a mis dos colegas, se concentra en ellos.

"¡Ven a por mí, te apuñalaré!"

Él saluda y apunta con su cuchillo en la dirección de los dos policías, brincando arriba y abajo.

El círculo en el que se encuentra tiene un radio bastante grande, las personas respetuosamente mantienen la distancia del cuchillo. Será muy difícil acecharlo desapercibido por detrás, porque existe la posibilidad de que todavía entremos en su círculo de visión y él se dé cuenta de nosotros.
Entonces estaríamos bastante desprotegidos contra el cuchillo. Y eso no estaría nada bien.

Disparar está fuera de discusión debido a la gente, el peligro de golpear a personas no involucradas es demasiado grande. Y todavía no tenemos una situación real de "autodefensa".

No se puede confiar en nuestro spray de pimienta cuando el tipo está borracho o drogado, pero lo usaríamos en cualquier caso.
A pesar de los espectadores, que también podrían recibir algo en los ojos.
Entonces, ¿qué hacer en esta situación tan arriesgada?

Saqué mi "arma espiritual" y muy silenciosamente, sin escuchar a nadie más, dije:

"En el nombre de Jesús,
¡Yo ato los espíritus de la violencia y la amenaza!
Te ordeno: tira el cuchillo
y se rinden sin resistencia!"

Nadie lo había oído. Ni mi colega, ni la gente de alrededor, especialmente los borrachos.

Pero alguien lo había oído. Este espíritu de violencia.
Me había visto venir, me conocía como un hijo de Dios. Me odiaba porque amaba a Jesús. Esperaba que no tuviera idea de la estructura de poder en el mundo espiritual. Esperaba que yo no tuviera idea de la autoridad espiritual.
Y estaba amargamente decepcionado. **¡Yo la tenía!**
¡Y cómo lo había hecho! Lo había hecho... con creciente entusiasmo.
Y tuve la desfachatez de usar eso contra él también.

Duró tal vez un minuto o dos. Entonces el borracho se paró de repente como si alguien le hubiera dado un gran golpe.
Se quedó sin habla, congelado en medio de la frase, en el aire.

Luego dejó caer el cuchillo como si tuviera un hierro caliente en la mano. Levantó los brazos y gritó:

"¡Me rindo! ¡Por favor, no me hagas daño!"

Ahora el tipo "grande y peligroso" que acababa de hablar como el "Rey" estaba llorando como un niño pequeño que se había mojado los pantalones.
Qué cambio, qué éxito rotundo.

He estado en situaciones como esta antes. El comando le golpeó como una granada, como si le hubiera alcanzado un rayo y tuvo el efecto deseado.

Pero para ser honesto, tengo que decir que no siempre ha tenido éxito. No sé las razones de esto hasta ahora, pero lo averiguaré con la ayuda de la Palabra de Dios. Porque la Palabra de Dios es clara e inconfundible en esta dirección. Es una cuestión de mi fe, y esa fe es actualizable y necesita ser actualizada. Necesito crecer. No hay un "suficiente" o "eso es todo". Siempre hay más. Claramente lo hay. Estoy de acuerdo. El conocimiento es fragmentario, así que siempre hay espacio para mejorar.

„Sí, les he (= Jesús, el vencedor sobre el diablo)
dado autoridad a ustedes
para pisotear serpientes y escorpiones
y vencer todo el poder del enemigo;
nada les podrá hacer daño.
Sin embargo,
no se alegren de que puedan someter a los espíritus,
(No se trata de un espectáculo,
por muy espectacular que sea)
sino alégrense de que sus nombres
están escritos en el cielo."
(Este es el punto principal de todo - la salvación eterna)
Lucas 10 : 19 + 20

„Reunió a sus doce discípulos
y les dio autoridad para expulsar
a los espíritus malignos
y sanar toda enfermedad y toda dolencia."
(¡Me gusta!)
Mateo 10 : 1

124

La banda de drogas se da a conocer ...
... como la oración rompe la férrea mentalidad rusa

Otro incidente también fue muy emocionante y terminó con un gran éxito policial.

Hace unos años se estableció una red de drogas de heroína en la escena de la emigración germano-rusa en mi lugar de trabajo. De repente estaban allí, no sólo suministrando heroína a los jóvenes emigrantes, sino también a los consumidores alemanes. La cosa se hacía cada vez más grande y nosotros, como policía, no podíamos llegar a la red de drogas original. Estaba soldada tan fuertemente. Nadie traicionó nada. Prefieren morderse la lengua antes que decir algo.
Usaban la violencia brutal para castigar a la gente que hablaba demasiado o decía algo accidentalmente. Ponían ejemplos que tenían el efecto deseado. Lo sabes por las películas, pero esto era real.

El muro de silencio era tan grueso y fuerte que no se sabía nada en absoluto sobre el jefe de esta banda de narcotraficantes. Nada en absoluto. Era como un fantasma.

Esto surgió en una reunión de personal y la frustración se extendió entre los investigadores. No había lugar para empezar, todo conducía a un callejón sin salida. Nada durante meses, qué frustración.
Todo lo que pude decir en la reunión fue: "Bueno, la oración ayuda".

Fui con esta petición a nuestra iglesia, donde nos reunimos una vez a la semana (desde hace 26 años en el Jesus Gemeinde Bamberg) para orar. Esta noche no se trata de peticiones personales de oración, sino de preocupaciones de la política, la sociedad, necesidades, catástrofes, desarrollos

125

preocupantes para Alemania, los estados federales, especialmente Baviera (donde vivimos y trabajamos), la ciudad y el distrito de Bamberg. Pero también para Europa y las naciones del mundo con sus conflictos - y para mi respectivo lugar de trabajo policial.

Un amplio programa de oración, con retos siempre nuevos.

Jesús explica a sus discípulos que esta es su tarea. Trabajar, ser activos, hacerse visibles en este mundo. Aprovechar las oportunidades de la oración para hacer inofensivas las influencias dañinas en este mundo y sus habitantes. Detener el proceso de decadencia o no dejar que surja en absoluto.

Eche un vistazo:

(Jesús dice:) "Ustedes (los discípulos de Jesús)
son la sal de la tierra.
Pero si la sal se vuelve insípida,
¿cómo recobrará su sabor?
Ya no sirve para nada,
sino para que la gente la deseche y la pisotee.
Ustedes son la luz del mundo.
Una ciudad en lo alto de una colina
no puede esconderse.
Ni se enciende una lámpara para cubrirla con un cajón.
Por el contrario, se pone en la repisa
para que alumbre a todos los que están en la casa.
Hagan brillar su luz delante de todos,
para que ellos puedan ver las buenas obras de ustedes
y alaben al Padre que está en el cielo."
Mateo 5 : 13 - 16

Es interesante que Jesús use dos formulaciones diferentes aquí.

126

*"Eres la sal de la **tierra**"*
*"Eres la luz del **mundo**"*

Él habla aquí a sus seguidores, sus discípulos. Ellos están destinados, de ellos lo espera. Jesús no dice "seréis" o "algunos de vosotros", ni siquiera que necesiten formación teológica. Un doctorado o algo así. Eso está muy bien, no está mal tener eso. Pero lo más importante es esforzarse por conocer más sobre el Espíritu Santo, la Palabra de Dios y Jesús.

La mejor manera de conocer más de alguien es estar con ÉL, escucharlo, hacerle preguntas e ir a donde ÉL va. Viéndolo hacer cosas, dejándolo explicar - e imitarlo. Personalmente me encanta este tipo de "aprender escuchando, mirando y haciendo".

Jesús usa la palabra griega "Geos" para "tierra" y la palabra "Cosmos" para "mundo".

"Geos" significa el aspecto geológico, los países, los paisajes y regiones, las naciones.

"Cosmos" también se conoce como el término para el universo, pero también se refiere a todas las formas de orden, forma de vida, entorno de vida.

Y en el "Geos" y el "Cosmos" se supone que los cristianos, es decir, las personas que han aceptado conscientemente a Jesús como Señor, confesaron sus pecados, fueron llenos del Espíritu Santo y se esforzaron por vivir de acuerdo con la Palabra de Dios y sus principios, tienen un efecto.

Como un hecho formulado por Jesús, una misión, una cuestión de costumbre. Como la sal y la luz. Obviamente la luz en el "Geos" no es muy útil y al revés la sal no es muy útil para el "Cosmos". De lo contrario Jesús lo habría formulado de otra manera - ¿Claro?

Y la oración es una forma de "activarse".

En el desorden social, ¡hey hombre! - hay que poner luz, para que las causas del desorden se hagan visibles. El desorden no cambia los "geos". Las fronteras de Alemania no están en peligro o en desintegración sólo porque algo esté en desorden aquí.
Después de todo, para eso están las autoridades, para poner las cosas en orden. ¿Recuerda lo que dijimos al principio del libro? Creo que sí.

Y una red de drogas rusa como esta es 1000% un gran desastre. Y estaba tan oscuro por ahí que las autoridades no podían ver nada.
Nada. Zero. Niente. Sıfır. 何もない. Nothing. Nix.

Bien, pongamos un poco de luz en la sopa oscura.
¿Cómo? Ya hemos aprendido (si no todavía - empezar a leer este libro de nuevo desde el principio ☺)

¡Exactamente! Habla con autoridad y de acuerdo con la Palabra de Dios. ¡Eres bueno! Estás dentro. Felicitaciones.

Ahora estamos llegando a las chucherías. La victoria espera. Sólo somos conquistadores si también superamos el obstáculo. (Esa es la estupidez de la superación; algo tiene que ser superado y no suele ser fácil, de lo contrario no sería la superación).

Así que entré en nuestra oración del viernes con una mínima información básica, que se conocía por el diario, que había controlado a la policía con el propósito de testigos o razones de investigación. Fiel a mi juramento de oficio, de no traicionar los secretos oficiales y de ser discreto.

128

Pero nuestro "grupo de oración" sabe cuando su líder llega con una petición tan indefinida que algo pasa realmente. Y les encanta seguir golpeando el arbusto con la oración y la fe hasta que ese "algo" cierto se cae.

Así que empezamos a hablar de la situación.

„Pues todo el que hace lo malo aborrece la luz,
y no se acerca a ella por temor
a que sus obras queden al descubierto."
Juan 3 : 20

„Porque ustedes antes eran oscuridad,
(antes de recibir a Jesús),
pero ahora son luz en el Señor.
Vivan como hijos de luz
(el fruto de la luz consiste en toda bondad, justicia y verdad)
y comprueben lo que agrada al Señor.
No tengan nada que ver
con las obras infructuosas de la oscuridad,
sino más bien denúncienlas,
porque da vergüenza aun mencionar
lo que los desobedientes hacen en secreto.
Pero todo lo que la luz pone al descubierto se hace visible,
porque la luz es lo que hace que todo sea visible."
Efesios 5 : 8 - 14a

Claro - ok? Oramos el viernes, la gente se llevó esta petición a casa y juntos continuamos nuestro "ataque de la luz de la oración" en esta fortaleza de la oscuridad. (suena casi como Star Wars)

Fuimos y somos "Guerreros de la Luz".

129

¿Y ahora sabes lo que pasó?

Vale, vale, vale... sé que puedes adivinar la primera vez. Has estado leyendo atentamente hasta aquí. Sí, tienes razón.
La red de drogas rusa fue volada.

Unos días después de nuestra oración, no tardó mucho, uno de los pandilleros rusos fue a la policía y contra toda expectativa lo reveló todo. Tan a fondo, de hecho, que todo salió a la luz.

Quién era el jefe, qué nombres, direcciones, coches, escondites que había usado. Sus proveedores y rutas de entrega, sus ayudantes, secuaces, cuentas bancarias, libros de pedidos ...

Fue como una espléndida Navidad y Pascua al mismo tiempo para nuestros investigadores. Y los sacamos a todos de la circulación. Secó completamente el anillo de la heroína. Mucha gente fue a la cárcel. ¡Aleluya!

Siempre digo que el Espíritu Santo es el mejor investigador principal y que no le gustan las drogas.

Los traficantes de drogas neutralizados ...
... el principio de la oración es válido en todo el mundo

Que el principio de la oración poderosa no es mi invención, mi idea loca, lo demuestran varios informes. Recuerde el puente suicida en Brasil.

El siguiente reporte, que un amigo y colega de España me dijo en octubre de 2017, lo confirma.

Antes de hacerlo, quiero explicar cómo se produjo.

La "Jesus Gemeinde Bamberg" tiene su Conferencia Internacional cada año, a finales de octubre o principios de noviembre, dependiendo de cómo caigan los fines de semana y el día festivo del 1 de noviembre (Día de Todos los Santos).

Lleva el nombre:

Natural - Supernatural
La restauración de la iglesia sobrenatural

En estas conferencias invitamos a predicadores que puedan hablar sobre este tema y tengan experiencia práctica.

El enfoque puede ser en un año en la "curación" y al año siguiente en la "oración" y así sucesivamente.

El objetivo es hacer que los participantes tomen conciencia de las áreas de la Biblia que están olvidadas o subexpuestas o malentendidas. Se les anima a que examinen este tema con una mirada nueva, a que estudien la Palabra de Dios con la ayuda del Espíritu Santo, a que la pongan en práctica y a que hagan experiencias con ella.

Los participantes provienen de Alemania (claro), varios países europeos, pero también de Sudamérica, EE.UU., etc., con diferentes antecedentes congregacionales, pero sobre todo de la zona de la iglesia libre.

La participación es gratuita, sin registro escrito, más información se puede encontrar en la página web de la iglesia.
(www.jesus-gemeinde.de/Konferenz.htm)

Y así sucedió hace dos años que un participante vino de España y escuchó por primera vez realmente algo sobre la oración resonante y poderosa. Había crecido de forma bastante religiosa y no sabía mucho sobre esto tema todavía. Mi alegría fue grande cuando escuché que era un colega. Los policías del mundo tienen algo en común, la misión común, la experiencia común en las calles, la misma felicidad, el mismo sufrimiento.

Y así, por primera vez, tuvimos una buena conexión entre nosotros, el mismo ADN.
Y más allá de eso, aún más fuerte, estábamos unidos por la fe en Jesús, nuestro entusiasmo por la salvación, la misión y la eficacia en el mundo.
Así que el doble cable - ¡si no te quedas con eso!

Así que aquí está su informe de octubre de 2017, tal y como me lo informó a mí personalmente, pero también públicamente a los participantes de la conferencia.

Su nombre y su país han sido cambiados para su protección personal, llamémosle Emilio, la ciudad en España no importa. Mis observaciones, las adiciones están entre paréntesis.

Reporte de Emilio:

"Estuve en Bamberg por primera vez en 2016 en esta conferencia y allí aprendí por primera vez sobre el efecto práctico de la oración, la autoridad de un creyente, el poder del Espíritu Santo. El pastor de la iglesia, él mismo un policía por más de 40 años, predicó sobre ello.
Al principio no podía creer que se pudiera combinar la fe en Jesús y la profesión de policía de esta manera. (¿Recuerdas ese capítulo?) Yo era muy escéptico al principio.

Hablamos mucho y me contó muchas experiencias de su trabajo como policía. Los resultados de su trabajo, debido a la combinación con la oración poderosa y la autoridad percibida, me inspiraron e interesaron tanto que inmediatamente lo intenté de vuelta a casa en España. Había aprendido algo nuevo.

A través del Espíritu Santo y de la oración que ahora se practica de forma diferente, resolví inmediatamente un largo y desesperado caso. (qué y cómo fue eso, no lo recuerdo - lo siento.)
Esto hizo que mi entusiasmo por Jesús, la oración y el impacto práctico en mi trabajo fuera aún más ardiente.
Estoy en una posición de liderazgo en un escuadrón de drogas como investigador.

Hace tres años, nos encontramos con un traficante internacional de drogas en España y desde entonces hemos estado investigando a toda velocidad por todos los medios imaginables. Pero el tipo estaba en aguas profundas y no se le podía detener, no podíamos identificarlo ni arrestarlo, los detectives y yo estábamos desesperados.

Llevé el caso confidencialmente a mi iglesia, recordando los informes de Bamberg y mis primeras experiencias, y juntos oramos intensamente durante unos dos meses por la sabiduría en las investigaciones, los avances, las pistas y por supuesto por el arresto evidentemente del traficante. Oramos y ordenamos luz en el caso y sacamos a la luz al traficante por "espíritu y fe".

Y entonces sucedió. Un día, un anciano vino a mí y me susurró algo al oído. No lo conocía y nunca supe quién era.
Era una dirección y la descripción de un hombre que coincidía con la descripción del comerciante había llevado dos grandes cajas a la casa.
(¿Podría haber sido un ángel? ¡Eso creo!)

Hicimos un acceso rápido y atrapamos y arrestamos al traficante con

30 kilos

en palabras - por favor, deja que se derrita en tu boca:
Treee-iiiin-taaaa   Kiii-loooo-graaam-ossss

¡¡¡Aleluya!!!!
No volverá a ver el sol en los próximos años.

Qué éxito para Jesús, para mí y para todo el equipo de investigación.

Después, los otros clientes, pequeños comerciantes y contactos internacionales y proveedores fueron criados y arrestados.

„El que practica el pecado es del diablo,
porque el diablo ha estado pecando desde el principio.
El Hijo de Dios fue enviado precisamente
para destruir las obras del diablo.“
1 Juan 3 : 8

„Ciertamente les aseguro
que el que cree en mí las obras
que yo hago también él las hará,
y aun las hará mayores,
porque yo vuelvo al Padre.
Cualquier cosa que ustedes pidan en mi nombre,
yo la haré; así será glorificado el Padre en el Hijo.
Lo que pidan en mi nombre, yo lo haré."
Juan 14 : 12 – 14

También pudimos arrestar a un segundo traficante buscado durante mucho tiempo en el mismo acto con 2 kg de cocaína (!) a través de la oración, la confianza en la Palabra de Dios y la ayuda del Espíritu Santo, exactamente el día que vine a Bamberg para la conferencia de 2017. Mis colegas me llamaron y aplaudieron el éxito, justo cuando llegué al aeropuerto de Nuremberg".
Fin del informe

Todo lo que puedo decir es:

¡Sigue adelante, Emilio!

¡Agárralos chico - a través de la oración!

Tome su periódico, escriba dónde están las series de crímenes y la policía está atascada, y empiece a orar / hablar en él! Escribe la fecha en que empiezas y luego la fecha en que terminas. ¡Te sorprenderás!

La corrupción controla la frontera ...
...la oración y la autoridad se abre paso

Creo que aquí hay un pequeño reporte que no tiene nada que ver directamente con mi trabajo policial, pero que explica algo sobre la oración, la policía y un gran mal en muchos países del mundo.

El problema se llama corrupción.

En mi opinión y en mi experiencia, hay un fuerte espíritu demoníaco detrás de esto, que trabaja estrechamente con la pobreza, la violencia y la manipulación.

Estos cuatro, no son los "Cuatro Fantásticos", sino los "Cuatro Demoníacos", trabajan en estrecha colaboración con "Mamón", que es prácticamente el jefe de esta banda de ladrones.

Jesús dice de él en el evangelio de Mateo:

*„Nadie puede servir a dos **señores**,*
pues menospreciará a uno y amará al otro,
o querrá mucho a uno y despreciará al otro.
No se puede servir a la vez a Dios
*y a **las riquezas**.(= **Mamón**) "*
Mateo 6 : 24

Jesús está hablando de dos **jefes** o **señores**. No son dos títulos elegidos al azar, son posiciones de poder en el mundo espiritual. Jesús lo llama **"Señor"**. No porque sea tan distinguido, tan elegante, el "Señor con un esmoquin" por el que Jesús tiene respeto o aprecio; no, porque es una descripción de una posición de poder espiritual.

Vean cómo el Apóstol Pablo, un viejo y experimentado

137

"acorazado", un general de Dios, toma esto y lo describe. Necesitaremos este pasaje bíblico más tarde.

„Porque nuestra lucha no es contra seres humanos,
sino contra poderes,
contra autoridades,
contra potestades
*(= **Señores, Traducción al alemán de Lutero**)*
que dominan este mundo de tinieblas,
contra fuerzas espirituales malignas
en las regiones celestiales. "
Efesios 6 : 12

Pablo describe aquí que no es contra los hombres, sino contra los poderes demoníacos que manipulan, abusan y utilizan a los hombres para traer sus obras dañinas y vergonzosas al mundo.

Pablo también usa el título de autoridad "Señor" en este contexto. No habla de "demonios", los soldados de a pie de los "señores", los "poderosos" y los "poderes".

Esto es prácticamente la liga superior de los poderes oscuros. Pero no tengas miedo - Jesús los derrotó en la cruz. Súper - ¿no es así?

Así que el "**Mamón**" hace su juego:
Trae a "**Violencia**" en la ofensiva por el flanco izquierdo, "**Pobreza**" por el derecho. El doble delantero corre contra las sociedades de este mundo, para abrir una brecha en el mediocampo ofensivo, la "**Manipulación**" y la "**Corrupción**".
(Lo siento por el ejemplo de un partido de fútbol ☺)

138

Animan a la gente a abusar de su poder o posición, lo que luego desciende por toda la escala social, hasta el punto de que la persona no tiene nada más que manipular y es el perdedor. La mayoría de las veces en este juego se convierten en criminales o se quitan la vida.

La minoría se las arregla para mantener la puerta limpia y defenderse del ataque. Gracias a Dios que todavía están por aquí.

Conocemos la situación, los presidentes y dictadores se enriquecen con miles de millones de dólares en bienes del Estado, los pequeños lo hacen porque los grandes dan el ejemplo. ¿Una sensación de injusticia? - Nada. Todos lo hacen.

Y de esto se desprende una corrupción y una violencia desenfrenadas. Los libros de historia, incluyendo el pasado reciente, y la prensa diaria están llenos de ellos.

Vale, iba de camino a Rumanía con un amigo. Es el fundador y director de una organización de ayuda para Europa del Este, principalmente Rumania. Trabaja en Rumania, en los Cárpatos, junto con un pastor local que es responsable de la distribución de los suministros de ayuda con cosas esenciales y se encarga de ellos in situ.

Como nosotros, los Jesus-Gemeinde queríamos apoyar esto, fui a uno de los transportes de ayuda para obtener una imaginación del lugar.

Condujimos a Rumania con un autocar convertido (una pequeña parte como autocaravana, el resto del espacio de almacenamiento para los suministros de ayuda - un vehículo especial registrado) y una gran furgoneta.

Poco antes de la frontera húngaro-rumana se hizo una parada informativa.

El amigo, llamémosle Félix, explicó a todos los participantes lo que nos esperaba en la frontera y cómo debíamos comportarnos.
Nuestros papeles y pasaportes estaban en orden, listos para entregar y escuchamos el escenario esperado.

Félix explicó que usaríamos el carril normal de los coches, porque no éramos un camión ni un autocar. Había carriles especiales para esto, donde los vehículos estaban atascados por kilómetros. También había un carril especial, el carril VIP, que debía mantenerse despejado, y había altas penalizaciones por abuso.

En la frontera, cuando entramos en Rumania, un oficial de aduanas inicialmente amable nos pedía nuestros papeles, los aceptaba y preguntaba por nuestra petición. Pero no le interesaba realmente, porque entonces la siguiente pregunta sería: "¡Café, cigarrillos, chocolate!
Al hacerlo, extendería su mano para mostrar que quería algo de ello con gracia y que estaba dispuesto a recibirlo en cantidad suficiente.

Félix nos ordenó no dar nada, pero tampoco mentir. Tomamos café y chocolate como ayuda para las familias y los niños, pero no para los guardias fronterizos o los oficiales de aduanas.

Félix dijo entonces que si no dábamos nada, podría significar un período de espera más largo en la frontera, posiblemente uno o dos días. Tiempos de espera más largos, ya lo había experimentado varias veces.

Aquí vamos - la aventura comenzó.

Así que nos empujaron en la columna, hacia delante, hacia Rumania. Salir de Hungría todo bien, sin problemas.
Entrada a Rumania, cuatro o cinco carriles con barrera. En frente de cada carril un guardia de fronteras / oficial de aduanas (hay diferentes autoridades, una policía, la otra de aduanas).

A distancia ya pudimos ver el procedimiento durante el registro. Conversación amistosa, luego se entregaron paquetes de café, cigarrillos o chocolate del vehículo, el oficial lo recogió, se dirigió a su coche privado, que estaba directamente detrás de la barrera con el maletero abierto. Las cosas fueron puestas dentro, los pasaportes sellados - que tengan un buen viaje.

La mayoría de las veces en estos despachos se usaban para cargar los "regalos" en el coche privado, el resto no era nada.

Pero el martillo fue cuando un maletero estaba lleno, y eso fue bastante rápido, este carril de despacho se cerró, el guardia fronterizo saltó a su coche y salió corriendo. Claro, el tiempo es dinero, o más bien café, cigarrillos y chocolate. Además, estaba de servicio y ocupado. Querían volver lo antes posible, para no dejar demasiado a los otros aduaneros y ganar más dinero.
Y lo hacían todo el día, las 24 horas del día, por turnos. Tenían que dirigir un centro comercial con todas esas cosas.

¡Nos toca a nosotros! Y al igual que en la película, se tambaleó como Félix lo describió.

"Buenas tardes, sus papeles por favor y ¿por qué viene a Rumania?" Tomó los pasaportes y los documentos del vehículo, los puso en su bolsillo y pidió ... ¿Adivina?

"¿Café, cigarrillos, chocolate?"

141

Félix respondió con sinceridad que todos éramos no fumadores porque somos cristianos. Tomaríamos café y chocolate con nosotros, pero no para los aduaneros, sino para los necesitados de los Cárpatos. Y que no apoyaríamos la corrupción y no cederíamos ante ella.

¡Bang! La una vez grasienta sonrisa en la cara del oficial de aduanas se congeló en hielo y odio.
"¡Deténgase, espere!" nos ladró.

Condujimos detrás de la barrera, estábamos ahora en territorio rumano, el oficial de aduanas entró en una oficina con nuestros papeles, volvió poco después sin nuestros papeles, ni siquiera nos miró y retomó su trabajo a la barrera - uh, árbol de la corrupción de nuevo y - puf, la sonrisa grasienta se descongeló de nuevo.
Ya no existíamos para él.

Pasamos las horas de espera contando los coches de la aduana, cuántas veces se fueron y quién era el mejor. Teníamos un "puntaje alto".

En algún momento me aburrí y me cansé y decidí ir a la oficina y hablar con el hombre/mujer de allí. Así que prácticamente de colega a colega.

Y mira... ¿qué sorpresa? ¡No hay nadie ahí! ¡Abandonado! ¡Nuestros papeles están guardados bajo llave sin más trámites! ¡Qué idiota!

Así que vuelve a salir con los demás. ¿Hacer qué ahora? ¡La gran pregunta!

"Todo tiene sentido, Dios sabe lo que hace, oramos por ello. Siempre es así." Félix me dijo.

Me subí a mi auto y lo pensé.

142

- ?????????????????????????????????????
- ???
- ???

- ¿Cuál es el punto? ¿Dónde está el sentido?
- que es la aleatoriedad, ¡el abuso de poder por excelencia!
- ¡quieren dejarnos morir de sed!
- ¡eso es un robo a tiempo!
- ¿Quiénes se creen que son? !!!!
- ¿Probablemente no saben quiénes somos?
- ¡Somos hijos de Dios en una misión de caridad! ¡Actuamos de acuerdo a la palabra de Dios!

Traté de entenderlo
según la palabra de Dios.
☹?☹?☹?☹?☹?☹?☹?☹?☹

Lentamente una santa ira se levantó en mí y empecé a atacar a estos "poderes" y "señores". Era hora de un contraataque. Tiempo de enfrentarlos y mostrarles nuestro juego. Porque estamos jugando en el equipo ganador de Jesús y el Espíritu Santo es nuestro entrenador.

Así que cambie a "ataque" y use lo que había aprendido de mi "super-coach" con el manual celestial.

"En el nombre de Jesús,
Ahora tomo la autoridad
sobre estos espíritus malignos de la corrupción.
Te ato y te ordeno ahora,
para devolvernos los papeles y dejarnos ir!!!"

¡Los chicos deben haber sido duros de oído de alguna manera! No pasó nada. Así que continué en la forma que acabo de describir.

143

Les recordé que estaban derrotados, que tenía autoridad sobre ellos, que era un hijo de Dios y que yo estaba a cargo aquí, no ellos.

Como dije, la ira santa.
Algo está pasando, puedes verlo en ti mismo.

Surge el "León de la tribu de Judá" - Jesús mismo en ti y ruge como un terremoto, para que las paredes tiemblen. Esta es una imagen del poder y la majestad de Jesús. ¡El León!

„Uno de los ancianos me dijo:
«¡Deja de llorar,
que ya el León de la tribu de Judá,
la Raíz de David, ha vencido!
Él sí puede abrir el rollo y sus siete sellos.»"
Apocalipsis 5 : 5

De repente tuve una imagen así ante mis ojos espirituales. Esa fue para mí también la explicación de por qué no había pasado nada durante un tiempo.

Mis órdenes habían explotado como una bomba en este grupo de demonios de la corrupción seguros de sí mismos, orgullosos, egoístas y arrogantes que estaban acostumbrados al éxito. Estas órdenes les habían sorprendido, chocado, confundido, deslumbrado y dejado sin palabras.

"¿Este galleta pequeña de Bamberg se atreve a contraatacar?
¿Se atreve a oponerse a nosotros?
Ésta es nuestra fortaleza ~~aquí~~.
Aquí hacemos las cosas a nuestra manera.
Aquí somos los señores".

Pero entonces sintieron a Jesús en mí, el león, el poder victorioso de la cruz del Gólgota, tuvo de nuevo su derrota de ese tiempo, hace casi 2000 años, ante sus ojos.

144

El horror se extendió, la impotencia contra este Jesús de Nazaret y su "Günther". La siguiente ronda de pulso espirituales ya había comenzado. Y sabían que no podían ganar, porque la victoria de la Cruz del Gólgota era y es total y definitiva. Vieron sus poderosos brazos negros hundirse lentamente hacia la mesa por una orden confiada de un simple seguidor de Jesús. Toda oposición era inútil.

La Palabra de Dios, la autoridad del creyente, el nombre de Jesús, la orden de no someterse al poder negro, los llevó a la desesperación - ¡y a perder!

¡Zack! El brazo estaba sobre la mesa. Una vez más, el nombre de Jesús era más fuerte que el "Sr. Corrupción". ¡Boom! ¡él da golpes se había sentado!

Como de la nada, el oficial de aduanas apareció, sombrío, enojado, entró en la oficina sin decir una palabra. Casi parecía que algún ángel lo tenía en el lóbulo de la oreja y lo conducía. Volvió con nuestros papeles y pasaportes, los metió sin decir nada en el vehículo y silbó: "¡Sale pitando!

Se retiró a su puesto de corrupción.
¡Y nos fuimos!
Ya está.. ☺ ☺ ☺ ☺ ☺ ☺

Félix dijo entonces que esto había tomado un curso extraño. Le expliqué la oración a él y a los demás con autoridad. Nunca antes lo habían experimentado y conocido de una manera tan práctica.
El viaje hasta el destino transcurrió sin más incidentes.

Unos días antes del viaje de vuelta volvimos a hablar del tema. Félix dijo que en el viaje de vuelta podíamos esperar el mismo juego otra vez.
Sentí que la ira santa volvía a surgir en mí, la audacia y una nueva determinación.

Le dije: "¡Así no! ¡Estamos en una misión del Señor Jesús! ¡Vamos a ir a uno mejor! ¡Vamos a pasar por el carril VIP sin parar, y nos van a saludar con entusiasmo!"

No sabía exactamente por qué fui tan audaz y dije estas "palabras proféticas" en ese momento.
Félix quería decir completamente convencido:

"¡Imposible!"

Llamé a Andra de Rumania a su casa en Bamberg, describí brevemente la situación y pedí apoyo en oración a la iglesia. Deberían estar junto a mí contra estos espíritus de la corrupción.

Luego el viaje a casa, por la noche. El tráfico fronterizo era bastante pesado. Todos los carriles llenos, atasco, salida con una larga espera.

Pero el carril VIP estaba libre, cerrado por pilones rojos y blancos. Un oficial observó el carril vacío aburrido en su caseta de vigilancia.

En este punto, hay que decir que esta pista todavía se remonta al Bloque Oriental. Siempre estaba cerrada, no se permitía su uso, se retenía a los funcionarios políticos y sus invitados. Era una vía especial que apenas se utilizaba.
Sólo para VIP's - ¡Personas muy importantes!

¡Y esos éramos nosotros!

Hijos de Dios, Sal de la tierra, Luz del mundo, Embajadores del Reino de Cristo, Santos, los llamados al reino eterno, Reyes y Sacerdotes, Hijos de la luz, Co-herederos de la gracia y la gloria, y mucho más que la Biblia conoce y expresa en términos de atributos para las personas que han aceptado a Jesús.

146

¡Vaya! ¡Siiiiiiiiiiiiiiiii!
Somos los verdaderos "VIP's".

Así que fuimos audazmente al carril especial; yo había orado (mi iglesia también), la fe estaba allí, el denuedo creció más y más, para mostrar a estos demonios de la corrupción esta vez también, para saber el resultado, quién es más fuerte. A saber, ¡Jesús!

"¡En el nombre de Jesús
Ordeno el libre paso sin detenerme
y con el saludo del oficial!"

Ahora repetí en un comando espiritual lo que recientemente le había dicho a Félix.

El oficial se asustó cuando nos vio. Un viejo autobús y un velocista en el carril especial, sin un vehículo de escolta estatal. Se despertó de su sueño oficial.

¿VIP en su camino? No se había informado de nada.
¿Quiénes eran? ¿Deberían los extranjeros atreverse a usar este sagrado carril comunista sin el permiso de los altos camaradas? Es impensable. Debe ser impedido con toda la fuerza posible. ¿Disparar? ¿Alarma? ¿Alertar a las tropas fronterizas? ¿Ataque nuclear?

Pero como esta monstruosidad no estaba permitida frente al poder concentrado de las tropas fronterizas rumanas (1 hombre con uniforme arrugado), no podía ser. ¿Adónde se llegaría?

Así que sólo había la segunda alternativa, ¡deben ser los VIP!

Así que toma una posición, con los postes a un lado, sé amable y saluda. La mano en la gorra para el saludo - y Rumania estaba detrás de nosotros.

147

Creo que ni siquiera tenemos el sello de salida. Teníamos todos los papeles en nuestras manos y los teníamos listos, los sacamos por la ventana abierta. Deberíamos haber parado para conseguir el sello. Pero no puedo recordar exactamente. Ya no tengo mi antiguo pasaporte, de lo contrario podría haberlo buscado.

Aunque hubiéramos parado un rato para sellar los pasaportes, esto no habría detenido toda la historia y el procedimiento. Los hechos habrían seguido siendo los mismos. Sin atascos de tráfico, sin retrasos, sin pérdidas de tiempo. Usando el carril VIP con el saludo oficial.

Habría sido interesante echar un vistazo al mundo espiritual en esta situación.

Cómo fue todo el asunto allá abajo.

¡Eso habría sido una película! Steven Spielberg habría estado celoso.

La banda de ladrones es atrapada ...

...porque la oración los lleva a la luz!

Otra historia interesante que he experimentado.

En un pueblo donde estaba de servicio, había una banda de ladrones. El número de robos en tiendas aumentó, los informes de la prensa crecieron y sacudieron a la población. La policía necesitaba urgentemente pistas para continuar la investigación.

Esta impotencia en términos de investigación fue también el tema de una reunión de liderazgo de la policía a la que asistí. El oficial a cargo explicó que estos ladrones eran tan hábiles que no se podían encontrar rastros. Desafortunadamente, tengo que prescindir de los detalles aquí, no debería haber ninguna razón para la imitación.

Ok, mi querido lector, sé que te comportas bien, uno de los mejores, y nunca usaría estos detalles, pero desafortunadamente los chicos de "Picklock & Co" no se comportan bien. Tal vez lean mi libro. O tal vez roben una copia (porque son ladrones). No quiero que se inspiren en sus sucios negocios. Pueden leer sobre Jesús, la salvación, la vida eterna y el estar perdidos para siempre y sobre un cambio y una nueva vida.

Sí - ¡Oro por eso!

Así que entraron sin control, robaron un montón de cosas y dejaron atrás un inmenso daño de propiedad y miedo.
Y como dice el dicho alemán ¡"la policía es tu amiga y ayudante"!

Bueno, en ese caso no podemos ayudar. Queríamos,

intentamos, pero hasta ahora... ¡¡No!! ☹☹☹

Hay un viejo dicho: "Sé más listo que el ladrón".
Y para atenerse a la sabiduría popular, la banda de ladrones había hecho la "cuenta sin el propietario". Es decir, en su cálculo dejaron fuera un factor esencial. A saber, que en la ciudad de sus travesuras había un cristiano en la policía que tenía experiencia en la oración exitosa.

Y así llevé la información, como había sido en el periódico, una vez más resumida de forma compacta, a la tarde de oración de nuestra iglesia. Sólo la información controlada por la oficina de prensa de la policía. Sin secretos policiales. Ni siquiera es necesario.

Nuestros muchachos y muchachas están calientes y ansiosos de orar específicamente, para traer luz a los asuntos oscuros. ¡Una vez que huelen una rata, no se rendirán hasta que esté en la luz y a través de la pared!
¡Son mis ayudantes, mis héroes! Mis agentes espirituales encubiertos.

La Biblia dice en un punto del libro de Jeremías que debemos buscar lo mejor de la ciudad.
Lo mejor de una ciudad es cuando hay una baja o nula tasa de criminalidad, paz y tranquilidad entre los ciudadanos. No se necesita una teocracia que usa la violencia bestial, reglas demoníacas, para asustar a la gente tanto que no hagan ruido. Eso no es libertad, eso no es vida. Podemos prescindir de ella con seguridad.

Esa no es la voluntad del Dios de la Biblia.

Más bien, necesitamos cristianos que entiendan cuál es su misión, que usen las herramientas y posibilidades que Dios pone a su disposición. Son "sal" y sal poderosa.

150

Mira esto, amigo mío:

„Además,
busquen el bienestar de la ciudad
adonde los he deportado,
y pidan al Señor por ella,
porque el bienestar de ustedes
depende del bienestar de la ciudad.»"
Jeremías 29 : 7

„Ustedes son la sal de la tierra.
Pero si la sal se vuelve insípida,
¿cómo recobrará su sabor?
Ya no sirve para nada,
sino para que la gente la deseche y la pisotee. "
Mateo 5 : 13

„Así que recomiendo, ante todo,
que se hagan plegarias, oraciones,
súplicas y acciones de gracias por todos,
2 especialmente por los gobernantes
y por todas las autoridades,
para que tengamos paz y tranquilidad,
y llevemos una vida piadosa y digna.
Esto es bueno y agradable a Dios nuestro Salvador,
pues él quiere que todos sean salvos
y lleguen a conocer la verdad.
Porque hay un solo Dios
y un solo mediador entre Dios
y los hombres, Jesucristo hombre,
quien dio su vida como rescate por todos.
Este testimonio Dios lo ha dado a su debido tiempo,
1 Timoteo 2 : 1 – 6

Estas tres escrituras hablan muy claramente de nuestra misión como cristianos en el entorno o ciudad a la que Dios nos ha traído. Tenemos una misión, tenemos que orar a Dios (de la manera correcta) por la ciudad, por la gente. No debemos quejarnos de lo malo que es el mundo, debemos orar y hacer del mundo un lugar mejor. Sal, especias, detener la decadencia o no dejar que se desarrolle en absoluto. Esa es nuestra misión.

Hace algunos años estuvimos en Brasil y servimos en una iglesia con la Palabra de Dios y la oración por la gente. Brasil, como muchos otros países, tiene un fuerte problema con la corrupción.
Cuando les preguntamos cómo orarían por su ciudad y especialmente por la policía, obtuvimos la respuesta: "En absoluto, todo está ocupado por el diablo, son enemigos del bien, nuestros enemigos".

¡Mamma Mia! Estábamos aterrorizados!
Y sin embargo, tenían policías en su propia iglesia. Claro, no tenían una posición fácil en la policía. Si se enfrentaban al sistema corrupto de la policía, eran asaltados, trasladados o asesinados, dependiendo de lo peligroso que se volvieran para la "tienda de autoservicio".

Esto también me lo confirmaron agentes de policía "no creyentes" cuando estuve en una gran ciudad brasileña para una presentación sobre la "policía bávara y sus tareas" y hablé frente a muchos colegas brasileños. Cristianos y no cristianos

Enseñamos a las iglesias que visitamos, entre otras cosas, las estrategias de oración descritas en este libro y cómo entenderlas. Si no empezaran a orar y a limpiar "en el espíritu", nada cambiaría.

Para los colegas de las iglesias (¡y había muchos!) había preparado un mensaje corto, la "Doble Autoridad". En él les expliqué que tenían autoridad del estado, pero también autoridad del Reino de Dios. Eso sería una gran cosa. El poder se elevaría a un poder superior.

No todos los cristianos tendrían eso - ¡sólo los policías creyentes!

¡Así que nada de quejarse, ni quejarse, ni orar!

Y eso es lo que hicimos para atrapar a la banda de ladrones. De la manera descrita anteriormente.

"En el nombre de Jesús, terminamos esta serie, sacamos a la luz a los gángsteres. ¡Está tranquilo en la ciudad otra vez!"

Creo que hemos orado así durante una o dos semanas.

Y luego nos habían atrapado. Así que no la red de la iglesia, sino la de la policía. A toda velocidad, pero todos lo hicieron. Todo es utilizable en la corte. Bienes robados encontrados, estructuras descubiertas y perseguidas, bandas destrozadas - encerradas - ¡hecho!

La oración había traído una vez más a la policía un éxito inesperado.

"¡Sé más listo que el ladrón y ora!"

Revise su informe de la policía local. Toma notas sobre el caso por el que orarás y crujirás.

Fiebre del Sábado Noche ...
y cómo deshacerse de la fiebre

Finalmente, un especial de delicadeza.

En nuestra área de servicio teníamos varias discotecas, cada una con una gran actividad el fin de semana. Y los problemas asociados, que llevaron a un aumento de casos para la policía. Borrachos, disputas pesadas, peleas, atropellos, alteraciones de la paz, violaciones de las leyes de protección a la juventud, la lista podía continuar.
Eso es seguro. Una discoteca no es un coro de jardín de infantes.

Pero una discoteca se llevó la palma. Estaba al revés. ¡Ciudad del Pecado! ¡Sodoma y Gomorra!
Las operaciones policiales nunca terminan. Peleas interminables. Sin fin de esto, sin fin de aquello. Fue horrible.

A las 5 de la mañana las chicas borrachas se pelearon por un tipo, al que se le permitió llevarlo a casa y meterlo en la cama. ¡Oh, hombres! Nada peor que las chicas borrachas, (esto no es una formulación de discriminación machista, no - esto es una descripción de la condición) que se disputan y pelean. Ese es el nivel más bajo de la existencia humana.

Para nosotros como policías impredecibles, ¡porque escupen y rascan como gatos!
Gritan que te duelen los oídos. Y pobre chico, si los tocas demasiado fuerte para separarlos y calmarlos. Entonces los espectadores, los mirones, los espectadores, se pondrán en tu contra. Porque perturba su espectáculo, su show, su lucha de zorras. Sólo para que no hagan apuestas sobre cuál de las Furias gana y se lleva el premio (el chico) y lo saca.

El mismo desastre cada fin de semana. Las autoridades de la

ciudad se sienten incapaces de hacer nada al respecto, eso es todo. La conexión directa con la discoteca no es reconocible y por lo tanto no se pueden hacer más condiciones al propietario. (¿Hola?)
Esta vista es motivo para que cada policía se moleste y sacuda la cabeza impotentemente.

El gerente trata de sacar cada argumento en ciernes de la discoteca por su personal de seguridad, porque afuera ya no es responsable de la discoteca.
¿Posible - o?

Y luego el gobierno de la ciudad permite y promueve la "Kinder Disco" para que los niños puedan divertirse. ¡Lo veo de forma crítica! Los niños deben acostumbrarse a la verdadera discoteca con toda su basura y escoria. ¡Oh Jesús!

Sin discoteca, no hay problemas. Una fórmula simple.

Nada de golpes para el último taxi, nada de golpes para nada, nada de heridos, nada de peleas, nada de alteración de la paz, nada de daños a los coches por frustrados y borrachos perdedores del trofeo de la cama, nada de sexo público entre, dentro o detrás de los coches aparcados (podría haber rodado muchas películas porno) - con una sola frase: ¡Paz y tranquilidad en la ciudad!

Me quejé a Dios un día en la oración, reprochándole que no hiciera nada al respecto y así sucesivamente.

¿Sabes lo que me respondió? Me sorprendió tanto como a ti ahora. Casi me desplomo.

" Günther, ¿por qué me lo reprochas? No es culpa mía. Yo, por mi parte, ya he hecho todo lo posible y necesario para remediar la situación. Traje a mi amado Hijo Jesús a la tierra, fue a la cruz para comprar la redención completa, no sólo del

156

pecado, con su sufrimiento, su obediencia, su sangre y su vida. También vino a destruir las obras del diablo. La restauración del principio, la dimensión del Jardín del Edén aquí en la tierra. La restauración de la autoridad de los creyentes sobre toda la creación, en mi nombre, en mi nombre propio.

¡Y mi pueblo ha olvidado esto! ¡Ustedes lo han olvidado! No dejaré que Jesús sea crucificado por segunda vez. Es tu turno, tu responsabilidad. Tú eres la sal de la tierra. Así que por favor no te quejes, pero actúa. Estoy contigo, como lo prometí."

Me quedé atónito. No me lo esperaba. Así que recé por sabiduría y guía sobre qué y cómo hacerlo.

Muy rápidamente, me di cuenta de que volvía a estar al mando.

Y así empecé:

"En el nombre de Jesús tomo la autoridad sobre este lugar,
que está contaminando la ciudad.
Estoy secando las finanzas,
Estoy cerrando las puertas,
Pondré fin a todo esto y el lugar debería estar limpio.
¡No más discoteca!"

Duró un par de semanas. Seguí ordenándolo. Luego la gran noticia en la oficina un día al comienzo del turno.

El "**agujero de barro**" (nombre cambiado – claro)
se ha cerrado.

La alegría y sorpresa entre los colegas fue grande, algunos querían abrir una botella de champán, pero por supuesto no se nos permitió hacerlo en el turno. Nadie sabía por qué se había cerrado de repente. Todo el mundo se preguntaba qué vendría después. A menudo se da el caso de que un pub, discoteca o similar cierra por diversas razones, y abre de nuevo unos días

157

después con un nuevo nombre. El mismo queso apestoso de siempre, sólo que con una nueva caja.
Conocí al dueño de la discoteca y decidí preguntar.

Me explicó que el número de visitantes había bajado drásticamente en las últimas semanas, los costos de operación no llegaban, y mucho menos un beneficio. Como no tenía otro concepto, ni un sucesor actual, había cerrado.

¡Qué sorpresa! Confirmó exactamente los puntos por los que yo había orado.

Sólo quedaba por aclarar la cuestión de la sucesión. Así que me puse en contacto con el propietario del edificio y le pregunté sobre sus planes. ¿Una nueva discoteca o algo así? Él se negó y me explicó convencido de que ninguna discoteca o algo así entraría en el edificio. Haría que el edificio se convirtiera en un lugar de compras.

De hecho, los trabajadores llegaron unas semanas después y hoy es un centro comercial bien frecuentado y limpio con un ambiente acogedor y amigable. Un beneficio para la ciudad.
Ahí lo tienes - funcionó.

Se ha convertido en un lugar limpio y sin problemas que es bueno para la ciudad. Qué diferencia. Qué alivio para la policía. Tenemos suficientes otras cosas que hacer.
Gracias, Jesús. Eres el mejor "Limpiador de la Ciudad"

„Además,
busquen el bienestar de la ciudad
adonde los he deportado,
y pidan al Señor por ella,
porque el bienestar de ustedes
depende del bienestar de la ciudad.»."
Jeremías 29 : 7
¡Ahí está!

158

Confíe - mire - a quién ...
... o el "policía espiritual patrullando""

En el ejemplo de la droga anterior, había mencionado el verso de la Biblia sobre la sal y la luz y expliqué algo al respecto. Continuemos un poco más en este contexto. También puedes volver atrás si quieres.

Aquí está el punto de nuevo:

„ Y Ustedes son la sal de la tierra.
Pero si la sal se vuelve insípida,
¿cómo recobrará su sabor?
Ya no sirve para nada,
sino para que la gente la deseche y la pisotee.

Ustedes son la luz del mundo.
Una ciudad en lo alto de una colina
no puede esconderse.
Ni se enciende una lámpara
para cubrirla con un cajón.
Por el contrario,
se pone en la repisa para que alumbre a todos
los que están en la casa.

Hagan brillar su luz delante de todos,
para que ellos puedan ver las buenas obras de ustedes
y alaben al Padre que está en el cielo. "
Mateo 5 : 13 - 16

Jesús, como dije, hace una declaración básica sobre sus seguidores:

¡Sal y luz!

Y dice: **"Tú eres."**

No lo dijo: "**podrías ser**", o "**algunos de ustedes podrían ser...**"

Es la misión de su iglesia, de su gente aquí en el mundo. Debemos buscar lo mejor para la ciudad por el bien de todos, en el sentido y la misión de Dios. Y eso es a menudo muy fácil de averiguar.

Por ejemplo, hay "negocios" que son legales en el exterior, pero que no son realmente buenos para la ciudad y su gente.

Una casa de juegos, un casino por ejemplo. ¿Qué tiene de bueno?
Succiona a la gente en su adicción, les saca el dinero de sus bolsillos, los hace adictos al juego, pierden la casa y el patio, a menudo su familia también, a menudo se convierten en criminales para conseguir el dinero necesario para el juego. Es un infierno en la tierra. Un infierno legal.
Es cierto que la música, el ambiente privado, la iluminación tenue, la cortesía de los camareros y las camareras se presentan de forma hermosa, pero es un infierno para los que están atrapados en él.

Es triste ver cuando entras en una casa de juego a las 4 de la mañana para comprobar las cosas. Un Control. El riesgo de robo disminuye si la policía se presenta a horas irregulares.

Música suave, de lo contrario, silencio. Los jugadores están dispersos en las máquinas tragaperras cerradas. Sus ojos enrojecidos están pegados a la máquina, implorando que finalmente se vierta el premio gordo. Sudor en sus frentes y bajo sus axilas, porque ya han apostado demasiado sin conseguir el premio principal.

No responden. ¡Su esperanza y toda la atención está en la "máquina ganadora"! Pero es sólo para el operador. Todos los demás son perdedores, adictos, drogadictos.

160

Un operador me dijo una vez que sólo necesitaba tres (en palabras: TRES) clientes frecuentes que vinieran regularmente. Entonces todos los costos operativos mensuales estarían cubiertos. Cada jugador adicional es pura ganancia. Supongo que no me estaba mintiendo.

Me quedé impactado. Tenía ganas de llorar. Pobre Alemania, mundo pobre, gente pobre. Necesitan liberación a través de Jesús. ÉL puede y quiere romper las cadenas de la adicción al juego. Si dejas que te ayude

En mi tiempo en la policía tuve algunos suicidios que se suicidaron por deudas de juego, vergüenza y desesperanza.
Familias destruidas y abandonadas con una enorme montaña de deudas. Todo legal - ¡pero equivocado!
Y más y más casinos y casas de juego se están abriendo. Trampas del diablo - legales - pero diabólicas. ¡Y el gobierno está haciendo mucho dinero! ?

Este es sólo un ejemplo de muchos. Todo el mundo puede verlo como quiera. Eso depende de él. Todo el mundo puede ir donde quiera, es su propia elección. Vivimos en un país libre, cada uno puede, puede y debe tener su propia opinión y, constitucionalmente asegurada, decir y representarla.

Pero me han enseñado en más de 40 años de trabajo policial a nivel de base, en parte a través de cosas muy terribles y experiencias dolorosas, que no todo es grande, aunque sea legal. Muchas cosas que no necesito, no quiero más, porque he mirado entre bastidores. He conocido muchas conexiones y desamparo, que no están en el informe policial o no se permite su publicación.

Pero, sin embargo, es responsabilidad de la policía, en circunstancias a veces muy difíciles, dominar su tarea, con el fin de conceder al individuo y a la sociedad la mayor libertad y protección posible y dentro de las leyes vigentes.

161

Y los cristianos tienen la misma tarea en este mundo. No se trata de evangelización forzada según el viejo lema: "Y si no eres mi hermano, te parto el cráneo".

Tuvimos esto con demasiada frecuencia, cuando un sufrimiento indecible vino al mundo en el nombre de "Jesús" o "Dios". No era Jesús, no era Dios, al contrario, era el viejo y malvado artista del disfraz, el principal ilusionista. El destructor, el opresor, el mentiroso → ¡el diablo!

Jesús vino a destruir sus obras y confió a sus discípulos la ejecución de este asunto básicamente resuelto.

Los cristianos son por lo tanto en sentido figurado, permítanme esta comparación, "policía espiritual".

„El que practica el pecado es del diablo,
porque el diablo ha estado pecando desde el principio.
El Hijo de Dios fue enviado precisamente
para destruir las obras del diablo."
1 Juan 3 : 8

„Ciertamente les aseguro
que el que cree en mí
las obras que yo hago
también él las hará,
y aun las hará mayores,
porque yo vuelvo al Padre."
Juan 14 : 12

Jesús vino a destruir las obras del diablo. En la cruz gritó "¡Está hecho!" Esto también incluía la victoria sobre el diablo y sus obras.

Entonces Jesús dice que quien crea en Él hará las mismas obras que Él hace, lo que para mí personalmente significa llevar las obras de las tinieblas a la luz y hacerlas inofensivas.

A través de la oración.

Me gustaría dejar claro aquí que no se trata de daños a la propiedad, no se trata de perseguir a la gente que está involucrada en esto o algo así. Se trata de orar y usar lo que Jesús nos dio y enseñó y lo que espera de nosotros.

Me gustaría mostrarles otro pasaje interesante del Antiguo Testamento. Es grandioso. Encaja perfectamente en el tema aquí. Valdría la pena un libro propio (¿quién sabe?).

„Luego, los habitantes de la ciudad le dijeron a Eliseo:
Señor, como usted puede ver,
nuestra ciudad está bien ubicada,
pero el agua es mala,
y por eso la tierra ha quedado estéril.
Tráiganme una vasija nueva,
*y échenle **sal***
les ordenó Eliseo.
Cuando se la entregaron,
Eliseo fue al manantial y,
*arrojando allí **la sal**,*
exclamó: Así dice el Señor:
"¡Yo purifico esta agua
para que nunca más cause muerte ni esterilidad!"
A partir de ese momento,
y hasta el día de hoy,
el agua quedó purificada,
según la palabra de Eliseo."
2 Reyes 2 : 19 – 22

¡Wow!

Sólo voy a escoger un aspecto de los muchos que hay aquí.

¡la sal!

El profeta Eliseo actuaba en nombre y representación de Dios. Llegó a una ciudad que era básicamente buena.

Pero tenía una mala fuente de agua, el agua se volvió estéril.

¿Y qué toma Eliseo, por voluntad de Dios, para curar esto?

¡la sal!

Así es - puedo ver sus bobinas de pensamiento girando, sus sinapsis están trabajando a toda velocidad. ¡Había algo! Sinapsis - ¡haz un esfuerzo! ¡Puedes hacerlo! Bingo - ¡la conexión de la sinapsis se ha establecido!

¡Eso es! Mateo 5. Eres la sal de la tierra. Aha - así que eso es todo.

*„Ustedes son **la sal** de la tierra.*
Pero si la sal se vuelve insípida,
¿cómo recobrará su sabor?
Ya no sirve para nada,
sino para que la gente la deseche y la pisotee. "
Mateo 5 : 13

¡Así que la sal debe entrar en el problema! No al revés. No es el problema lo que viene a la sal cuando ya no quiere ser un problema, ¡sino la sal! ¡Al problema y al problema, vamos! Y luego salar todo. ¡Muéstrale al problema lo que es una buena sal! El propósito natural de la sal es salar, para eso fue creada. No para estar en un estante como decoración en unos bonitos frascos. Durante demasiado tiempo, no lo he entendido, no lo he considerado relevante, he tenido miedo, demasiado cobarde o lo que sea.

164

Siempre me he preguntado por qué el mundo entero pisotea a los cristianos, las iglesias, burlándose de la hostilidad. No quiere saber nada de Jesús. Que el evangelio no tiene una amplia aceptación en la sociedad. ¡Aquí tengo la respuesta aleccionadora!

„Ustedes son la sal de la tierra.
Pero si la sal se vuelve insípida,
¿cómo recobrará su sabor?
Ya no sirve para nada,
sino para que la gente la deseche y la pisotee. "
Mateo 5 : 13

Esperamos que el problema llegue a la sal.
Para que los problemas de nuestras ciudades desaparezcan por sí solos.

Nos preguntamos por qué los cristianos estamos siendo pisoteados.
Y Dios nos ha mostrado la solución a través de Eliseo, siglos antes de Jesús.

Debemos enfrentar estos problemas, orar por ellos, hablarles, mandarles, preguntarle al Espíritu Santo qué estrategia tiene y cómo debemos implementarla. Ser activo en el reino espiritual. Curar los manantiales podridos y mortales.

Las experiencias de este libro son sólo una pequeña mirada a esta área, he experimentado mucho más, pero no quiero o no se me permite escribir sobre ello aquí.
Pero es la verdad. Todos los ejemplos de este libro son mis experiencias. ¡100%!

165

Suplemento en el 2020:
El resultado de la oración con la discoteca "mud hole" fue sólo el comienzo de mi "viaje de oración". Junto con nuestra iglesia oramos / hablamos / sal / comando en los diferentes " fuentes muertas " en la ciudad, el condado, nuestra nación.

Y te digo - más discotecas han cerrado, casas de juego han sido cerradas, prostíbulos han desaparecido, sex-shops han quebrado y y y ...

Las tiendas cerradas se han transformado en otras tiendas limpias, supermercados, gimnasios, ¡fantástico!

La Palabra de Dios y sus principios son verdaderos, confiables y totalmente efectivos.

¿Dónde quieres ser la sal? ¡Agárrate fuerte! ¡Comienza a ponerte salado!

166

Espiritual "SWAT TEAM" ...
... Los miembros motivados querían

("SWAT – TEAM" = Grupo Especial de Armas y Tácticas)

¿Conoces los pozos podridos de tu ciudad?
Los "agujeros de mierda", lugares de prostitución, puntos de transferencia de drogas, lugares de vallas, los lugares públicos donde se reúnen los borrachos, drogadictos y tímidos. No pienses que esto sucede por casualidad, hay una razón para ello. Estos son espiritualmente "pozos podridos" donde se reúnen, son casi mágicamente atraídos y ni siquiera saben por qué.

Te animo a que hagas un mapa espiritual de tu ciudad o región. Escriban dónde están estos lugares y empiecen a orar en contra de ellos. Pregúntale a Jesús cómo debes proceder. También puedes hacerlo junto con otros 2 o 3 cristianos. (¿Recuerdas la escritura y la promesa?)

Conocimos a tantos pastores y líderes que realmente no tenían ni idea de su ciudad y alrededores. Pero se sabían de memoria los registros de género de la Biblia.
¡Mamma mia!

Toma tu diario - por favor.
Para mí es normalmente mi lectura matutina, mi guía para orzar, mi motivación para orar. Mi fuente de información pública de las fuentes podridas o buenas. Lea el informe policial en la sección local.
Y léalo bajo el aspecto que acabo de mencionar y hará descubrimientos asombrosos.

Descubrirás pozos podridos, estructuras demoníacas y destructivas, malas influencias para tu ciudad. Desarrollos, tendencias que están surgiendo.

Puedes y debes hacer todo esto por nuestra nación, por Europa. Qué desarrollos políticos y sociales están en el horizonte. Algunos de ellos más tarde resultan ser pozos podridos. Esa es nuestra responsabilidad como cristianos.

Empezar a orar, buscar cristianos con el mismo deseo. Formar un círculo de oración, un "Grupo de Trabajo de Oración", un "equipo SWAT espiritual", un "grupo de trabajo especial espiritual", sólo ser sal fuerte.

Comiencen a estudiar este tema de la Biblia. Pídanle a Jesús que les dé una revelación al respecto.

Comienza a dar tus primeros pasos, úsalo, pruébalo, y encontrarás a Dios a tu lado. Escríbelo para que puedas seguirlo.

Habla con tu pastor, habla con la policía de tu iglesia.

Si eres lo suficientemente valiente, ve a tu policia local, Guardia Civil o a tu alcalde y pídeles información.
Diles que rezarás por estas dificultades y lugares problemáticos.

Conviértanse en activos en la oración y la autoridad.

Epílogo

Te dejé participar un poco en mi historia personal de la policía.

41,7 años (según la información oficial de mi certificado de retiro).

Y en mi desarrollo espiritual, la comprensión de las cosas espirituales como las veo hoy, soluciones sobrenaturales para los asuntos policiales cotidianos.

41,7 años con Jesús en el ministerio

41,7 años de protección, nunca tuve que luchar, nunca tuve que disparar a un hombre

41,7 años de trabajo policial, desde un pequeño sargento que no tenía ni idea de nada hasta un inspector jefe en una posición de liderazgo.

41,7 años de milagros y experiencias

41,7 años, que fueron totalmente divertidos, a pesar de todos los desafíos

¡41,7 años! De los cuales 38,7 años con Andra a mi lado, primero como novia, luego como mi prometida y ahora durante 39 años como mi esposa. Gracias por eso. Gracias por su amor, apoyo, paciencia y sus oraciones. Los quiero mucho.

Resumido en una pequeña pero significativa frase:

¡41,7 años con Jesús en la patrulla!

Habrás notado que todo el asunto es bastante complejo. Algunas preguntas permanecen sin respuesta por el momento. "¿Por qué no funcionó aquí y allá? O: ¿Qué hice mal?"

No se trata de magia, ninguna cosa de magia. Se trata de la vida real, de vivir prácticamente la fe en Jesús. Se trata de la sal en la sopa, en la fuente.

Y que tienes que empezar a hacerlo para que puedas crecer y obtener nuevos conocimientos. No empezar, porque todavía hay preguntas abiertas, es una basura total.

No habría inventos, ni investigación, ni progreso, el hombre ni siquiera caminaría.

¿Sabías que un bebé necesita más de 1000 intentos para caminar? Levantarse una y otra vez, sentarse, arriba, en el fondo, que afortunadamente está bien acolchado por pañales con inserciones. Todas las preguntas se abren y se siguen intentando. No hay idea de correr, pero impulsado por la certeza interior de que funcionará. Sólo aquellos que superen este desafío se convertirán en conquistadores.

El mundo y también el cristianismo conoce demasiados "incrédulos". Demasiados "si" y "pero", "tal vez" o "tal vez no". Aquellos que entonces prefieren no hacer nada o no intentar nada. Pero que parezca importante, que se haga grande, que los demás sepan lo que pasa (o tal vez más bien donde está).

¡No seas como ellos! No te rindas, sigue adelante con Jesús. Incluso si no lo entiendes todo. Sufre las derrotas. Seguir adelante, aunque a menudo olvides rezar y tomar tu posición espiritual. ¡Jesús me ha perdonado y te perdonará a ti!

Aleluya.

Te animo y te pido que vengas por dos cosas:

La primera:

¡Tú también, ve a patrullar con Jesús!

En una patrulla espiritual por su ciudad, por su país. Por tu familia, tu barrio, por ti mismo. Sean salados. Encuentra los manantiales podridos que hacen que la vida de nuestras ciudades no sea fructífera. Encuentra los huevos podridos y reza para que salgan a la luz. Dales la sal adecuada. Eres tú, tú la tienes, ¡úsala!

Número dos:

¡Por favor, ore constantemente por la policía!

Para nuestra policía. Que están ahí para ti, asumiendo la culpa. Aunque leas el libro en otro país, ora por la policía. Incluso si no son tan respetados y confiados en su país como lo son aquí en Alemania, oren por ellos cada vez más.

Ore por la protección y preservación en su trabajo, especialmente por las misiones críticas, ore cuando escuche que se aproximan manifestaciones, posiblemente con disturbios.

Orad por el éxito de las investigaciones y búsquedas, para que aquellos que crean que pueden pisotear la ley sean arrestados. Orad por pruebas significativas y probatorias que puedan ser usadas en la corte (así es como se llama cuando las pruebas se sostienen en la corte, incluso si los abogados tratan de romperlas).

171

Ora para que haya más cristianos convencidos en la fuerza policial. Gracias.

Y por las autoridades que están ahí para promover el bien, para castigar el mal. Que sean buenos y dignos servidores de Dios. Pueden lograr mucho si se toman su tarea en serio y no actúan y deciden con demasiada laxitud.

¡Orad por nuestro país, porque es un buen país! ¡Yo lo amo! Y tú deberías amar a tu país también. No regañes por las condiciones. Reconócelas y ora por ellas. En una urgencia sin precedentes. Este es un momento serio. Las cosas van mal en todo el mundo. El bien está siendo acorralado cada vez más. Mira la basura que de repente se convierte en ley. Algo va mal, porque falta la oración.

Finalmente, estas dos escrituras bíblicas de nuevo, que han tomado un significado completamente nuevo para mí.

(Pablo escribe una instrucción de oración en nombre de Dios)

"Así que recomiendo, ante todo,
que se hagan plegarias, oraciones,
súplicas y acciones de gracias por todos,
especialmente por los gobernantes
y por todas las autoridades,
para que tengamos paz y tranquilidad,
y llevemos una vida piadosa y digna.
Esto es bueno y agradable a Dios nuestro Salvador,
pues él quiere que todos sean salvos
y lleguen a conocer la verdad."
1 Timoteo 2 : 1 – 4

"Todos deben someterse a las autoridades públicas,
pues no hay autoridad que Dios no haya dispuesto,
así que las que existen fueron establecidas por él.
Por lo tanto, todo el que se opone a la autoridad
se rebela contra lo que Dios ha instituido.
Los que así proceden recibirán castigo.
Porque los gobernantes no están
para infundir terror a los que hacen lo bueno
sino a los que hacen lo malo.
¿Quieres librarte del miedo a la autoridad?
Haz lo bueno, y tendrás su aprobación,
pues está al servicio de Dios para tu bien.
Pero si haces lo malo, entonces debes tener miedo.
No en vano lleva la espada,
pues está al servicio de Dios
para impartir justicia y castigar al malhechor."
Romanos 13 : 1 - 4

¡Dios te bendiga poderosamente!

Oro por ti, el lector y espero que también actor, de este libro
(aquí puedes ser un actor por una vez).

Escribe tus pensamientos o preguntas sobre este tema, ora por ellos y
pídele respuestas a Jesús.Escribe tus pensamientos o preguntas sobre este
tema, ora por ellos y pídele respuestas a Jesús.

"en la patrulla con JESÚS!" internacional

Tenemos muchos amigos, entre ellos compañeros policías de muchos países del mundo. Por supuesto que hablamos de este tema de la oración, la autoridad y el cambio rotundo.

Me pidieron que tradujera el libro también a su idioma, cosa que hice con mucho gusto con la ayuda de unos amigos. Que las bendiciones del libro serán aún mayores, se atraparán más ladrones, las fuentes se volverán limpias.

Las ediciones internacionales también son publicadas por BOD-Verlag, disponibles en la página web de la Jesus Gemeinde Bamberg o simplemente en línea.

Inglés: ... with JESÚS on patrol!

Español: ¡... en la patrulla con JESÚS!

Al final de este libro:
Es un pequeño texto que una vez fue un volante en nuestro trabajo hace años. Desafortunadamente no sé quién lo escribió, circula miles de veces en Internet.

Es una respetuosa y amorosa reverencia
a una de las profesiones más difíciles del mundo:
el policía

Cuando Dios creó al policía:

En el sexto día sin descanso, Dios se dispuso a crear policías. Un ángel se acercó y dijo: "Has estado trabajando en este modelo durante un tiempo inusualmente largo.

Y Dios le preguntó: "¿Viste los criterios que el modelo tiene que cumplir?"

"Un policía debe ser capaz de correr cinco kilómetros a través de carriles oscuros, escalar paredes y barreras, entrar en casas que el Ministro de Sanidad ni siquiera miraría, y todo esto, si es posible, sin arrugarse o ensuciar su uniforme.

Tiene que pasar todo el día en un coche civil delante de la casa de un sospechoso, al mismo tiempo que explora el barrio en busca de testigos, investiga la escena de un crimen la misma noche y comparece ante el tribunal a la mañana siguiente para dar su testimonio.

Debe estar en condiciones óptimas en todo momento, y eso sólo con café negro y comidas a medias. Y necesita seis pares de manos".

El ángel sacudió la cabeza y dijo: "Seis pares de manos... - no es posible."

"No son las manos las que me causan problemas", dijo Dios, "son los tres pares de ojos que debe tener un policía".

"¿En un policía normal? ¿Por qué eso?" preguntó el ángel.

Dios lo explicó. "Un par de ojos que pueden ver a través de los bolsillos abultados del pantalón antes de preguntar si puede ver lo que hay dentro (aunque ya sabe y desea haber tomado otro trabajo).

Un segundo par de ojos a un lado de su cabeza, para la seguridad de su compañero.
Y un par aquí en el frente, que pueden mirar a la persona herida y hacer que diga "Todo va a estar bien, aunque él sabe que no lo está".

"Dios", dijo el ángel y lo agarró de la manga, "Por qué no descansas un rato, puedes terminar este modelo más tarde".

"No puedo hacerlo, ya he creado un modelo bastante bueno, puede persuadir a un borracho de 150 kilos para que suba al coche de policía sin incidentes, y puede alimentar a una familia de cinco con un salario moderado; no puedo rendirme ahora".
El ángel rodeó al policía muy lentamente y lo miró de cerca, y luego dijo: "¿Puede este modelo pensar también?"

"Por supuesto", respondió Dios, "puede enumerar para usted los hechos de mil crímenes, darle la lista de las multas de tráfico mientras duerme, arrestar, investigar, encontrar y sacar a un gángster de la calle más rápido de lo que los jueces discuten si fue justificado o no, mientras que el policía ya está arrestando al siguiente.

Y durante todo esto, el policía sigue manteniendo su sentido del humor. Además, este modelo tiene un control increíblemente bueno sobre sí mismo; es capaz de investigar y asegurar escenas del crimen que parecen haber llegado del infierno sin pestañear; puede obtener una confesión de un abusador de niños y aún así tener su odio bajo control, puede consolar a las familias de las víctimas y animarlas, aunque el periódico una vez más escribe que los criminales no son tratados con justicia.

Entonces el ángel miró más de cerca la cara del policía, acarició con su dedo las mejillas de la modelo y dijo: "Ves Dios, hay una fuga aquí. Te dije que estabas exagerando con esta modelo."

"Esto no es una fuga", respondió Dios, "es una lágrima".

"¿Una lágrima? ¿Para qué?" el ángel quería saber. "Bueno, por la emoción reprimida... por los camaradas heridos, por los insultos que tiene que soportar, por la ingratitud y las falsas acusaciones, por la frustración y la ira, por la soledad, por el dolor y la impotencia, por las cosas terribles que a veces ve. Por las pesadillas y el miedo."

"Eres un genio", dijo el ángel.

Dios se puso serio y dijo: "Ángel, yo no puse la lágrima ahí".

Hechos 29

Mencioné en el libro que escribí mi primer libro en 2015. Me gustaría mostrar algunos extractos aquí. El objetivo del libro es confiar en el poder de Jesús y esperar que Él haga milagros de acuerdo a su palabra, incluso hoy en día. Si lo hizo una vez, puede y quiere hacerlo de nuevo. Si lo hizo por alguien más, puede y lo hará por ti.

Los milagros de Dios son para todos los que se acercan a él.

¡Así que aquí vamos!

Günther Kunstmann

Hechos 29

Señales y Milagros - ¡Todavía ocurren hoy!

El emocionante viaje hacia la dimensión de Dios

Relatos de las obras de Jesús hoy en día

Un libro de hechos reales motivador

Extracto del libro:
Todo empezó con una alergia al polen

Un descubrimiento aterrador

Tienes unos 30 años, estas agradecido y feliz de que estás fuerte físicamente, tienes planes y estás listo para conquistar el mundo, y te sientes fuerte como para arrancar árboles del suelo.
¿Quién puede pararte?
Y luego, mi perspectiva del mundo así, cambio completamente por un accidente como este:

¡Fiebre del heno causada por la alergia al polen!

Descubrir esto me golpeó como una tonelada de ladrillos, porque no podía explicarme de dónde apareció esta alergia de repente. Nunca antes había tenido alergia, me encantaba el olor a hierba y heno, sobre todo cuando era tiempo de cosechar el heno, me encantaba hacerlo. Para mí, personalmente, la primavera era una de las estaciones más hermosas del año.

¡Pero de repente todo era diferente!
Quemazón, picor, ojos hinchados, garganta irritada; la nariz goteaba constantemente como una cascada y no había cura.
La medicina no me aliviaba nada en absoluto.
        ¡Así que bienvenido al club de los alérgicos!

Esta fue una predicción devastadora para mi futuro.

Cada año la temporada del polen de la hierba era horrible para mí.
14 días enfermo, encerrado en una habitación oscura con las ventanas cerradas, los ojos cubiertos con paños de camomila – (¡sí, genial!)

Deseaba ansiosamente que la temporada de polen terminara, para poder salir fuera otra vez. En la naturaleza, a mi trabajo, actividades, amistades y vida social.

Mi estado de ánimo en casa con mi esposa era bastante cansado, tenso e irritable durante estos 14 días – no precisamente mi concepto de primavera.

Te puedes imaginar que, en mi cabeza, mis pensamientos estaban dando vueltas como un tiovivo. Conocía mucha gente que sufría reacciones alérgicas de diferentes tipos, y que no conseguían deshacerse de ellas, y tenían que aprender a vivir con ellas el resto de sus vidas.

A veces era tan horrible que quería irme a vivir al polo norte, porque el polen no existe allí. Pero luego me di cuenta de que allí solamente existe hielo y nieve, ¡nada más! Así que no era una buena alternativa.

Durante este "tiempo de sufrimiento", este futuro terrorífico estaba dibujado claramente en mis pensamientos. Podía mirarlo de un lado o de otro, pero no veía otra solución más que pedirle ayuda a Dios.

Lo sabía: Si alguien tenía una solución para mi problema, ¡entonces era Él!

"Dios es bueno" - uhm, ¿perdona?

De niño, crecí en una familia con padres que frecuentaban, y gozosamente asistían a una iglesia evangélica, y que amaban al Señor Jesucristo, Dios el Padre y la Palabra de Dios con todo su corazón. Asistía con ellos desde mi temprana niñez, era absolutamente normal para mi ir a la iglesia y crecí con ello felizmente.

En mi temprana edad (cuando tenía 13 años) entregué mi

vida a Jesús. Así que, oraciones, promesas de Dios y oraciones contestadas no eran nada extraño para mí. La iglesia y la fe eran un ambiente habitual para mí. La Palabra de Dios me dio poder y dirección, especialmente en la pubertad. Hasta día de hoy estoy agradecido a mis padres, mis hermanos y hermanas en la fe y la iglesia que aquel tiempo, por enseñarme "el camino del SEÑOR" y por acompañarme. Me ayudó mucho a atravesar la vida de manera bastante estable.

Sin embargo, mi camino no fue siempre recto y en mi vida hice muchas cosas de las cuales me arrepentí, volviendo atrás y con necesidad de perdón. Gracias a Dios, Él siempre me perdonó y la mayoría de la gente también.

Era claro como el agua para mi que Dios podía sanar.
Lógico – Él era Dios, y no un cualquiera. Mi convicción era que Él podía hacer y no hacer lo que fuera que le diera la gana.

Aún así, Él simplemente estaría en todas estas cosas. Al menos me daba un poco de consuelo. Esto era lo que me habían enseñado. Por supuesto, yo oraba por sanidad muy intensamente, pero prácticamente nada cambiaba. Yo pensaba "bueno, tal vez tendrás que adaptarte a esto, quizás Dios no quiere sanarte a ti, sólo a otros. Será bueno de alguna manera igualmente".

Pero yo no sabía para que sería bueno, y me di cuenta de que, muy dentro de mi había ya una pregunta para Dios – "¿y TÚ eres un buen Dios?"
No quería hacerle esta pregunta a Dios directamente, pero esta voz dentro de mí no podía callarse.

Esto me trajo problemas porque por una parte yo sabía totalmente esto:

- Dios es bueno
- Él me ama desde el fondo de Su corazón
- Él tiene buenos planes e intenciones para mi vida
- Siempre puedo confiar en Él
- Ha entregado a su hijo Jesús para que yo sea salvo
- La Biblia está llena de sanidades, prodigios y promesas
- Él es todo poderoso y simplemente muchas veces no podemos entenderle con nuestro cerebro.
- La Palabra de Dios es para mí y es muy práctica
- …

Pero por el otro lado yo no podía comprender a Dios y me preguntaba:
- Que pasa con todas estas cosas
- Porqué yo (quiero decir, yo era su hijo)
- Yo confiaba en Él
- Que pretendía mostrarme o enseñarme con esto
- Porqué Su Palabra no funcionaba cuando oraba
- Y muchas preguntas más…

Al final tuve que llegar a un acuerdo; lo hice, no tenía la solución, estaba rendido a mi destino – pero no estaba realmente contento con ello.

Un descubrimiento increíble

Hay relatos en la Biblia conocidos como

Bautismo en el Espíritu Santo
o la
Llenura del Espíritu

y que está disponible para todos los creyentes que hayan

invitado conscientemente y recibido a Jesús como su Salvador y Mesías, y que viven con Él.

¡No viene automáticamente, pero debería ser pedido en oración!

Así que vamos a mirar lo que dicen estas tres escrituras.

Pues, si ustedes, aun siendo malos,
saben dar cosas buenas a sus hijos,
¡cuánto más el Padre celestial dará el Espíritu Santo
a quienes se lo pidan!
Lucas 11:13

Entonces Pedro y Juan les impusieron las manos,
y ellos recibieron el Espíritu Santo.
Hechos 8:17

Cuando llegó el día de Pentecostés,
estaban todos juntos en el mismo lugar.
De repente, vino del cielo un ruido
como el de una violenta ráfaga de viento
y llenó toda la casa donde estaban reunidos.
Se les aparecieron entonces unas lenguas
como de fuego que se repartieron
y se posaron sobre cada uno de ellos.
Todos fueron llenos del Espíritu Santo
y comenzaron a hablar en diferentes lenguas,
según el Espíritu les concedía expresarse.
Hechos 2:1 – 4

¡Un día por fin recibí esta experiencia y lo cambió absolutamente todo!

No voy a explicar cómo sucedió todo exactamente cuando fue bautizado en el Espíritu Santo – los acontecimientos y los primeros efectos en mi vida. Esto es otra historia que quizás os cuente en otra ocasión.

En mi caso, la llenura en el Espíritu Santo siempre conlleva nuevo entendimiento también. Cosas que antes no podías ver o entender, de repente se vuelven claras y comprensibles. Así mismo me ocurrió a mí.

Pero, cuando venga el Espíritu de la verdad,
él los guiará a toda la verdad,
porque no hablará por su propia cuenta,
sino que dirá solo lo que oiga
y les anunciará las cosas por venir.
Juan 16:13

De repente supe que la verdad de la Palabra de Dios, las promesas y declaraciones sobre lo que Jesús hizo y pagó a precio carísimo en la Cruz para nosotros – ¡también para mí! – estaba disponible para mí. ¡Jesús lo hizo por mí!
Pero no tenía ni idea de cómo tratar con este descubrimiento, estaba solo y no sabía cómo aplicarlo en mi vida.

Empecé a orar y a pedirle a Jesús que me lo explicara, porque si no, ¡este descubrimiento hubiera sido en vano!
¡Y Él se explicó!

Como aclaración, me gustaría mencionar que no empecé a escuchar voces o entré en algún tipo de trance. Pero vinieron pensamientos dentro de mi mente que me hicieron conectar y comprender lo que la Palabra de Dios expresa en ciertas escrituras, lo que realmente significa.

Algunas veces eran pensamientos repentinos, los cuales me hacían cuestionarme "¿y esto de dónde ha salido ahora?"
Era más bien como un diálogo en mi interior. Muy a menudo hasta parecía que estaba justo al lado de Jesús en un relato Bíblico, experimentándolo todo lo más cercanamente posible. Estos pensamientos y percepciones estaban conectadas con un gran entusiasmo, gozo y expectación. De repente sabía lo que significaba hablar a Dios y obtener una contestación.

Quiero decir, me conozco a mí mismo, así que sé lo que yo mismo pienso. Este tipo de diálogo y esos pensamientos eran algo nuevo para mí, y eran absolutamente fantástico. Sabía que era Dios hablándome desde mi interior.

La llenura del Espíritu Santo no había sido realmente enseñada en mi Iglesia en aquel tiempo. Hablar en lenguas, efectos del poder, señales y milagros eran parte de la Biblia (por supuesto – está escrito allí en blanco y negro) pero había muchas personas explicando por qué estas cosas no eran para hoy o por qué no son necesarias. Pero también había la persona de turno que sabía que ya había tenido esta experiencia con el Espíritu Santo, pero todavía según mis ojos, me parecían personas un poco "exóticas" y un poco sospechosas.

Así que esta experiencia con el Espíritu Santo fue el comienzo de un nuevo trayecto en la fe con Jesús, lleno de aventuras, y ha cambiado totalmente mi vida.

Primeros pasos

La primera cosa que Dios me mostró claramente fue así de simple:

"¡Ten fe en mi Palabra y su poder será soltado!"

Así que le contesté: "Desde mi niñez he creído Tu Palabra y conozco mucho sobre ella".
Él contestó (de la manera que he descrito antes): "Sí, tú sabes mucho, pero aun así no crees en muchas de las cosas, pero simplemente dices "sí" a todo. Tú piensas que esto es fe, pero no lo es. Tener fe o creer significa confiar en el que lo ha dicho y actuar como si ya hubiera sucedido."

Esto fue como una ducha de agua fría para mí. En el mismo instante lo supe: "Él tiene razón!"

En muchas situaciones, no actuaba como la Palabra de Dios queria que actuase, era un escéptico, buscaba una razón en este mundo, que justificara mi comportamiento o simplemente no hacer nada. Me gustaba coger las clásicas y conocidas declaraciones de fe, como por ejemplo "esto no es para hoy" o "no puedes saber lo que Dios hará, no puedes esperar esto de Dios" o "¡venga ya, no puedes decirle a Dios lo que tiene que hacer!", "mejor no vayamos al extremo" y mucho más. O simplemente no tenía nada que decir.

Este nuevo descubrimiento realmente me puso en un aprieto. La única manera posible cra entregárselo a Jesús y preguntarle a Él qué hacer.

Jesús me mostró algunas escrituras en la Biblia, que trataban acerca de "hablar" y sobre entender acerca de la autoridad en la fe.
¡Fin del extracto!

Ok, como la historia de la fiebre del heno continuó, puedes leerla en "Hechos 29".

Esto puede ser revelado, con la ayuda de la Palabra de Dios, el poder del Espíritu Santo y mis pasos activos de fe, me libré de la fiebre del heno - hasta hoy.

¡Toda la gloria sea para Jesús!

También hay muchos informes personales sobre curaciones, liberaciones de cosas demoníacas.

Aquí hay algunos pequeños extractos:

Extracto
Sistema Inmunitario descontrolado
Intentando rechazar a todos los músculos del cuerpo, ¡el sistema inmunitario se rinde ante JESÚS!

Relato:
En la madrugada del domingo 11 de noviembre de 2012, un hombre de 47 años, de nuestra iglesia, fue llevado al hospital de urgencias.

Podía difícilmente mover su cuerpo y sus miembros estaban sin fuerzas. Era incapaz de levantar un pie, agarrar un simple vaso o abrir una botella.

Los médicos a su cargo detectaron un fallo en su sistema inmunitario. De repente se encontraba luchando contra sus propios músculos. Todos los músculos estaban inflamados y le provocaban un dolor insoportable. Los médicos no sabían lo que pasaba.

El domingo por la mañana, en la iglesia, su mujer nos contó el estado crítico de su esposo.

Al principio de la tarde, Andra y yo fuimos al hospital a visitarlo. Nos confirmó el diagnostico de los médicos y que tenían que esperar las ultimas analíticas del laboratorio para

188

intentar buscar un tratamiento. Eso involucraría una dosis muy fuerte de cortisona y un posible riesgo de no volver a moverse en el futuro.

Entonces, pusimos nuestras manos sobre él, orando por sanidad y ordenando a esta enfermedad que se vaya en el nombre de Jesús. Declaramos total restauración del cuerpo y un correcto funcionamiento del sistema inmunitario...

Después de unos dos minutos, la fuerza volvió en sus extremidades y delante de nuestros ojos pudo sostener una botella llena de agua.

Levantó sus piernas, las dobló, ¡cuando antes de orar le era imposible hacerlo!

¡Gloria a Dios!

El dolor disminuyó pero seguía sin estar bien del todo. Mejoró en las próximas dos horas.

El domingo siguiente, pudo volver a la reunión de la iglesia, y nos contó que los médicos le dieron el alta porque no encontraban nada más que hacer en su caso.
Las analíticas daban resultados normales, los médicos no tenían explicación sobre esta situación.

¡Y por fin! El sábado estaba en su jardín cortando madera... ¡su fuerza había vuelto a cien por cien!

Jesús es tan bueno y solo en SU nombre hay poder para vencer la enfermedad.

Manos dobladas trabajando de nuevo
Una mujer mayor tenía artritis en sus manos, tanto que ya no
podía abrir sus dedos doblados. Toda la iglesia conocía a la
mujer y la ayudaba en su trabajo diario porque ya no podía
hacerlo. Específicamente, hablé con esta artritis y le ordené
que dejara inmediatamente a la mujer en el nombre de Jesús.
En el mismo momento en que se curó y pudo demostrarlo a la
iglesia. Levantó sus manos, estirando sus dedos y
moviéndolos salvajemente.

Adicta al "SHOPPING"

Hace un tiempo, una señora vino a verme a mi mujer y a mí,
contándonos que tenía una adicción a las compras.
¡No podía resistirse! Cada vez que veía algo que le gustaba
en una catálogo, lo tenía que pedir. Lo mismo le pasaba al
entrar en cualquier tienda. Ella se daba cuenta de que su
actitud no era normal, su dinero se iba volando y no estaba
libre...sufría terriblemente de esa situación.
Andra ordenó a esta atadura que se fuera en el Nombre de
Jesús. Inmediatamente, la mujer notó un cambio.
Volvió a su casa y, por primera vez en muchos años, ¡pudo
tirar a la basura un montón de catálogo y fue libre desde
aquel momento!

¡Jesús es el rompe-cadenas por excelencia!

Les hablo así, hermanos,
porque ustedes han sido llamados a ser libres;
Gálatas 5:13a

Cristo nos libertó para que vivamos en libertad.
Por lo tanto, manténganse firmes
y no se sometan nuevamente al yugo de esclavitud.
Gálatas 5:1

190

Aquí está escrito en blanco y negro. ¡Necesitamos libertad y Jesús nos hizo libre! Las pre-condiciones están cumplidas, ven y coge tu libertad en Jesús. Gente de todas partes lo experimentan cada día entonces… ¿porque no experimentarlo tú también?

....Este libro describe de manera comprensible cómo Jesús hace milagros en la vida de las personas. Y todavía lo hace hoy en día. Reportes sorprendentes, que inspiran y motivan, hacen que las personas se pregunten y esperen y reaviven su propia fe en Jesús. Preguntas, argumentos, obstáculos para el trabajo sobrenatural de Dios son iluminados así como el simple conocimiento y la declaración:
Nada es imposible para Jesús.

Las experiencias personales y los cambios de vida nos animarán a ver nuestras propias situaciones bajo una nueva luz y a afrontarlas y cambiarlas en el poder de Jesús.
fin del extracto del libro

El libro simplemente muestra que los milagros no se han detenido pero siguen ocurriendo. ¡También para ti! Estudia a Jesús y su palabra y descubrirás que ha hecho tantos milagros, ha sanado de todas las maneras posibles e imposibles. Ninguna enfermedad, ningún poder demoníaco estaba a salvo de Él. Él ha mostrado el amor de Dios en acción.

El libro tiene 136 páginas y su precio es de 9,99 euros.
Está publicado por BOD-Verlag Norderstedt / Alemania
Número ISBN: 9783746067537
Está disponible online en la librería de la BOD
(https://www.bod.de/buchshop/catalogsearch/result/?
q=acts+29)
o a través de otros comerciantes en línea, por ejemplo,
AMAZON, ...

También está disponible en diferentes idiomas:

Englisch: „Acts 29"   ISBN: 9783741250552
Spanisch: "Hechos 29"   ISBN: 9783746067537
Portugiesisch: "Atos 29"   ISBN: 9783744817240

¡Diviértete y muchas buenas ideas mientras lees!

Y ahora sólo me queda decir:

Vamos a sacudir las fuerzas espirituales con la oración.

¡El mundo y tu ciudad te están esperando!

Experimentarás algo increíble,
que puedas contarle a tus nietos algún día.

¡Empieza a salar!

Oro por ti, querido lector, para que seas totalmente tocado y
animado por Jesús y que experimentes experiencias y
milagros sorprendentes.

Sea bendecido
en el nombre de Jesucristo

© Günther Kunstmann
Bamberg, Noviembre 2020